荷上锄头钓竿去旅行
——台湾休闲农渔业掠影

刘 坚 蒋亚杰 ⊙ 编著

图文台湾

丛书主编 ⊙ 林仁川

海峡出版发行集团
福建教育出版社

图书在版编目(CIP)数据

　　荷上锄头钓竿去旅行:台湾休闲农渔业掠影/刘坚，蒋亚杰编著.—福州:福建教育出版社,2012.5
　　(图文台湾/林仁川主编)
　　ISBN 978-7-5334-5766-2

　　Ⅰ.①荷…　Ⅱ.①蒋…②刘…　Ⅲ.①观光农业—概况—台湾省　Ⅳ.①F327.58

　　中国版本图书馆 CIP 数据核字(2012)第 086249 号

图文台湾
荷上锄头钓竿去旅行——台湾休闲农渔业掠影
主编:林仁川　编著:刘　坚　蒋亚杰

出版发行	海峡出版发行集团
	福建教育出版社
	(福州市梦山路 27 号　邮编:350001　网址:www.fep.com.cn)
出版人	黄　旭
发行热线	0591—83752790　87115073
印　　刷	福州华彩印务有限公司
	(福州新店南平路鼓楼工业小区　邮编:350012)
开　　本	720 毫米×1000 毫米　1/16
印　　张	7.75
插　　页	2
版　　次	2012 年 5 月第 1 版　2012 年 5 月第 1 次印刷
印　　数	1—5 100
书　　号	ISBN 978-7-5334-5766-2
定　　价	20.00 元

如发现本书印装质量问题,影响阅读,
请向本社出版科(电话:0591—83726019)调换。

编 辑 说 明

　　台湾是祖国的宝岛。台湾物产丰富，风景优美，我们都知道那里有美丽的阿里山和日月潭，有热情好客的高山族同胞和丰盛的水果，但是，真正了解台湾的过去与现状的人，其实并不多。随着两岸文化、经济交流的日益活跃和深化，以及大陆对台旅游业的开放，大陆民众尤其是广大的青少年朋友，都迫切希望能够更多地认识台湾，了解台湾。福建与台湾仅一水相隔，有着地缘相近、血缘相亲、文缘相承、商缘相连、法缘相循的"五缘"优势，两地关系源远流长。作为海峡西岸的福建地方出版社，通过出版物，让对台湾只有一般概念的普通大众，能够真切地走近台湾，了解台湾，以此增进两岸民众的相互了解与理解，这是我们义不容辞的责任。基于这样的出发点，我们从2006年就开始策划这套"图文台湾"丛书，聘请了厦门大学台湾研究中心主任林仁川担任主编，以使这套丛书做到真实性与可读性的完美结合。

　　"图文台湾"丛书是一套内容丰富、纵横兼顾、"文献有征"而细节具体生动又好读的书，丛书包含了台湾的历史、人文地理、文学、教育、经济、民间信仰、民俗、民系等内容，以平实而简洁的语言，配以珍贵的资料图片，让图文互相补充，把台湾的过去与现在的方方面面都清晰而生动地展现在你的面前：它将带你沿着台湾先民的足迹，察看宝岛台湾如何承袭祖国大陆的文明，一路曲折走来，走出与祖国大陆既相同又有差异的风貌；它还将带你穿越宝岛太鲁阁等美丽而险峻的自然生态景观，漫游板桥林家花园等古色古香的园林，品味传承与变迁的台湾"中华料理"和独特的原住民饮食，领略异彩纷呈、兼容并蓄的台湾文化和民俗生活；同时，它还会告诉你从台中大甲镇——一个小镇走出的世界品牌"捷安特（GIANT）"三十年发展的故事，告诉你素有"纺织女王"、"汽车皇后"、"铁娘子"称号的台湾裕隆集团董事长、台湾工商业界的传奇女性——吴舜文女士多姿多彩的人生经历……

现在这套丛书就摆在你的面前，翻开它，让它领你踏上穿越台湾的文化之旅、快乐之旅吧，相信你一定会有所收获的。

福建教育出版社

序　言

林仁川

宝岛台湾是我国的第一大岛，位于祖国东南沿海的大陆架上。岛上风景秀丽、气候暖和、物产丰富，极宜人类生存与发展。台湾居民绝大部分是从大陆直接或间接迁徙过去的，他们披荆斩棘，历尽艰辛，为开发和建设宝岛做出了卓越的贡献。

随着大陆人民的大批迁入，大陆较先进的生产技术、文化教育、文学艺术和风俗习惯不断地移植台湾，促进了当地社会经济的发展和文化艺术的繁荣，使台湾文化成为中华灿烂文化的一个重要组成部分。

但是，自1895年以来，由于日本帝国主义的侵占和1949年以后两岸的长期隔绝，大陆人民对台湾的了解十分有限。虽然，20世纪80年代以后，有大批的台商和各界人士纷纷渡过台湾海峡，到大陆经商和从事文化交流，然而大陆人民进入台湾还是比较困难的，特别是广大的青年学生迫切希望了解台湾社会经济、历史文化。为了让大陆人民特别是大陆的青少年能比较全面、真实地了解台湾，厦门大学台湾研究中心组织了一批研究台湾的学术工作者编写了"图文台湾"丛书。这套丛书以翔实的史料、精美的图片、通俗的语言，从社会、经济、文化等各个方面介绍台湾的情况，既追述两岸人民共同开发建设台湾的艰苦历程，也颂扬两岸人民抗击外国侵略、收复台湾、保卫台湾的光辉业绩，同时展示台湾的美丽景观、民俗风情、民间信仰和文化艺术。

我们期望，这套图文并茂的通俗读物能陪伴你一起追忆历史，探访民俗，欣赏台湾的秀丽风光，让你从容地穿梭于时光隧道，流连于古迹佳景，轻松愉快地享受一趟台湾宝岛的文化之旅。

目录 Contents

一 台湾休闲农渔业的发展与现状 /1

（一）台湾休闲农渔业的兴起 /1
1. 得天独厚的自然条件 /1
2. 日趋成熟的社会需要 /3

（二）台湾休闲农渔业的发展历程 /5
1. 萌芽期——观光农园草创期 /5
2. 成长期——休闲农业探索、倡导、茁壮期 /5
3. 发展期——休闲农业新里程 /7

（三）台湾休闲农渔业的现况 /7
1. 广泛的分布情况 /7
2. 多样的体验项目 /8
3. 源源不断的资源投入 /9
4. 丰硕的营运成果 /10

二 台湾休闲农渔业主要类型及未来走向 /12

（一）百花齐放才是春——休闲农业的主要类型 /12

（二）百舸争流千帆竞——休闲渔业的主要类型 /14
1. 别开生面的运动休闲渔业 /15
2. 新鲜刺激的渔业体验 /17
3. 惊喜不断的生态游览 /19
4. 美味可口的渔乡美食 /21
5. 生动有趣的文化之旅 /21

（三）台湾休闲农渔业未来的发展方向 /22

三 台湾休闲农业撷英 /26

（一）休闲农场的典型代表 /26
1. 香格里拉农场——风景无限好，住娱两相宜 /26

2. 三春老树农场——老树逢春，万象更新 /28

3. 北关农场——浪漫蝴蝶谷，生态大观园 /30

4. 南元农场——人与自然的和谐，知与行的统一 /32

5. 清境农场——清新空气任君取，境地优雅是仙居 /34

6. 绿世界生态农场——原始风貌，生态乐园 /38

7. 阿里磅生态农场——原乡之美，童年记忆 /40

8. 青山农场——艳红樱花映翠谷，金色花海满山头 /42

9. 火炭谷农场——造桥乡间，炭的世界 /44

10. 酒桶山农场——法式庄园，浪漫幸福 /46

11. 杏花林农场——美丽花园，迷人香气 /48

(二) 经典休闲农庄 /49

1. 星光点点耀花海——田尾乡打帘小区 /50

2. 舞鹤传奇，风华再现——瑞穗乡舞鹤地区 /51

3. 风情万种——大湖乡姜麻园 /53

4. 鱼游美池，雁舞大观——大雁涩水社区 /54

5. 坐饮茶香——鹿野乡永安社区 /56

6. 当咖啡遇上文学——古坑华山村 /57

7. 蝶飞蜂舞水果甜，入秋时分柿饼香——新埔镇照门地区 /58

8. 金色果海，乳香飘飘——通霄镇福兴社区 /59

9. 纵谷山水秀——光复乡马太鞍小区 /61

(三) 台湾主要休闲农业园区 /63

1. 冬山柚茶，中山飘香——冬山乡中山休闲农业区 /63

2. 怀旧小镇，纯朴风光——集集休闲农业区 /65

3. 物产丰富，文化多元——南庄休闲农业区 /68

4. 茶乡竹韵，萤游鹿谷——鹿谷乡休闲农业区 /70

5. 极地荒野，妆点新貌——左镇乡光荣休闲农业区 /72

  6. 关山亲水，米香飘飘——亲水休闲农业区 /74

  7. 诗情画意，龙眼飘香——龙眼林休闲农业区 /77

  8. 横山大地，水绿好游——横山头休闲农业区 /80

四 台湾休闲渔业撷英 /83

（一）旧貌换新颜的休闲渔港 /83

  1. 淡水渔人码头——浪漫约会的好去处 /85

  2. 基隆碧沙渔港——八斗子的渔获橱窗 /87

  3. 新竹南寮渔港——彩绘海洋生态 /88

  4. 苗栗外埔渔港——休闲度假的好去处 /90

  5. 台东富冈渔港——休闲胜地"小野柳" /91

  6. 花莲渔港——休闲观光购物的天堂 /92

  7. 桃园竹围渔港——多功能化之典范 /94

（二）经典渔村社区 /95

  1. 生态、牵罟——宜兰苏澳镇港边小区 /96

  2. 百年传说，王功苏醒——彰化芳苑乡王功村 /97

  3. 风云台西，活力海岸——云林台西乡五港村 /98

  4. 海鸥展翅迎朝阳——屏东枋寮乡大庄村 /100

  5. 山龙蟠村，永续平安——台南七股乡龙山村 /101

  6. 合心、合欣、合兴——宜兰头城镇合兴小区 /102

五 两岸休闲农渔业交流活动 /103

（一）两岸休闲农渔业优势互补合作共赢 /103

（二）两岸休闲农渔业合作的途径 /104

  1. 渠道畅通的信息往来 /104

  2. 体量充足的资金往来 /106

(三)台湾休闲农业在大陆开花结果 /107

　　1. 福建——首开两岸农业合作先河，如今硕果累累 /107

　　2. 广东——粤台农业合作前景广阔，立足未来国际竞争 /109

　　3. 海南——琼台合作互利双赢，海南发展再添一翼 /110

　　4. 江苏——台资农企已逾千家，交流合作后劲十足 /111

　　5. 广西——台商聚焦农业领域，玉林顿成热点 /112

　　6. 湖南——湘台农业联手，发展空间巨大 /113

结　语 /115

参考文献与图片来源 /116

一 台湾休闲农渔业的发展与现状

休闲农渔业，又称观光农渔业或旅游农渔业，指的是利用田园景观、自然生态及环境资源，结合农渔业生产与经营活动、农村文化及农家生活，以提供民众休闲、增进民众对农业及农村体验为目的的农业经营方式。休闲农渔业是以乡村独特的景观和农渔业活动吸引游客，以都市居民为目标市场，以满足旅游者观光、娱乐、求知、体验农事和回归自然为目的的一种经营方式。换言之，休闲农渔业是以农渔业生产活动为基础，融合生产、生活、生态于一体，与旅游业相结合的一种新型交叉型产业。

◎台湾地形地势图

（一）台湾休闲农渔业的兴起

1. 得天独厚的自然条件

休闲农渔业以农渔业生产为基础，其

图文台湾

荷上锄头钓竿去旅行——台湾休闲农渔业掠影

发展离不开特定的自然及气候条件。台湾位于我国东南海上,东临太平洋,南界巴士海峡,西隔台湾海峡与福建相望,东北接冲绳群岛,总面积35760平方公里,由台湾本岛和澎湖群岛等88个大小岛屿组成。

台湾所处纬度较低,北回归线横穿台湾岛中部,为热带—亚热带海洋性气候;全年平均气温在20~23摄氏度之间,南北平地气温相差不大;每年4~11月为夏季,盛夏7月,为全年月平均气温最高,在27摄氏度以上;夏季时间长,冬季气候温和,全岛全年均可以生长作物。台湾四周环海,地形和季风相互作用,特别是受黑潮暖流的影响,无论是东北季风还是东南季风都有可能在迎风坡上行云致雨,降水量丰富,年降雨量在1500毫米以上,如此气候条件对亚热带与热带植物的栽培、生长及发育非常有利。

台湾有64.98%的面积为山地,12.31%的面积是丘陵和台地,平原和盆地面积仅占19.80%。地表地貌形式多样,为台湾农渔业的发展创造了绝佳的条件。山高坡陡为台湾地形环境显著特征,全省海拔3000米的山峰多达62座,其中22座高达3500米以上。台湾高耸的地形带来气温、气候非常明显的垂直变化,使自然景观也发生明显的垂直分布,大约在500米以下属于热带景观,500~1800米属于亚热带景观,1800~3000米以上为寒带景观。在台湾不用四处奔波,在一座高山上便可尽览四季美景,实在是让人惊叹。

高山众多的地理特征、高温多雨的气候条件,为热带林、亚热带林、阔叶林、阔针叶混合林、针叶林等各类林带生长提供了良好的环境。森林为台湾重要的农业资源,全岛林地约为186.5公顷,占全岛面积的50%左右,素有"亚洲天然植物园"之美称,在这个大植物园中,不乏乌心石、台湾云叶、樟、香楠、油杉、肖楠、台湾杉、红桧、峦大杉等珍贵树种。丰富的森林资源使得台湾发展休闲林业成为可能,森林游乐区、人行步道、森林公园等休闲农业形式,近年来日趋火热。

台湾四面环海,海岸线长达1600公里,绵长美丽,仅东海、南海、近海的海域就有180万平方公里,相当于陆地面积的49倍。台湾渔业资源十分丰富:岛东部岸陡水深,为南北洄游鱼类必经之路;岛西陆架缓和平坦,又有陆地和河流入海供给养料,十分适宜鱼类和海底生物栖息繁殖。据统计,台湾周围海域鱼类约有500种以上,随着季节更替,赤鲸、鳍、鲳、黄鱼、狗母鱼、鲉、鲕、鲣、鲷、旗鱼、飞鱼（广布于全世界的温暖水域，体型皆小，以能飞而著名）交替出现。此外，台湾近海和沿岸，还有大量的水产资源，如蟹、贝类、藻类、海石花、海蜇、鸡冠菜、海人草等。台湾为珊瑚的主要产地，所产珊瑚质良状奇色艳，素有"珊瑚王国"美誉。台湾南部盛产观赏用的热带鱼，体积小巧，色彩鲜艳，如辟建海底乐园，发展休闲渔业，前途广阔。台湾海岸线长且曲折，港湾众多，共有大小渔港一百多处，为发展休闲渔港创造了条件。

2. 日趋成熟的社会需要

台湾休闲农渔业的发展最早可溯及20世纪60年代观光农园的开发，发展至今已颇见成效，它能够兴起，并逐步发展壮大，得益于其社会经济条件的日趋成熟和完善。

（1）台湾都市民众迫切希望亲近大自然。

随着台湾工、农业经济的快速发展和现代化的实现，台湾的社会结构与产业结构发生了根本性的改变，城市急剧扩张，都市化程度从1954年的30%发展为目前的70%。但工业化、都市化带来的喧嚣、污染、竞争、紧张、压抑等负面问题严重困扰着台湾民众，使人们迫切地想在闲暇时去接近大自然，在享受恬静、舒适、清新、自然的田园风光的过程中，认识和欣赏民族传统文化。与此同时，台湾人民生活水平及消费能力大幅提高，加上道路与交通大大改善，促使多种层次的休闲农渔业的发展成为可能，乡村休闲成为台湾现代都市人提高生活品质的最佳方式之一。

（2）台湾传统农渔业日趋式微。

从台湾农业内部发展来说，长期为台湾经济起飞做出巨大贡献的传统农业已高度发达，面临知识经济时代和全球化的激烈竞争，逐步进入停滞期。台湾传统农渔业发展面临瓶颈，这在入世后表现得尤为明显。加入WTO后，为履行入世承诺，台湾传统农业受到极大冲击。当局不得不出台休耕、休渔、休牧等政策，农业人口大量闲置。传统农渔业日渐式微，迫切需要改变农业发展、经营模式，以使台湾农渔业进一步发展，此种情况下，台湾农政部门积极致力于改善农业结构，寻求新的农渔业经营形态，开创农渔业发展新的增长点。这些都为促使台湾传统农渔业转向现代休闲农渔业，寻找新的发展机会提供了契机。

(3) 台湾当局适时的扶持与引导。

休闲农渔业的发展很早便引起台湾当局的重视，台湾当局适时出台了相关政策，为其发展保驾护航。1979年，台北市政府与台北市农会召开"台北市农业经营与发展研讨会"，开始大力提倡发展休闲农渔业；1982年"行政院农业委员会"推行"发展观光果园示范区"；1989年台湾"农委会"委托台湾大学农业推广学系召开"发展休闲农业研讨会"，"休闲农业"这一名词第一次出现；1990年台湾"农委会"开始推动"发展休闲农业计划"，辅导已成立的休闲农场；1992年12月公布"休闲农业区设置管理办法"，自此台湾休闲农业逐渐走上规范发展的道路；1996年12月修正发布名称为"休闲农业辅导办法"；2000年再度修正发布名称为"休闲农业辅导管理办法"，之后又于2002年1月再行修正发布全文28条并实行至今。此外，台湾"行政院"自2001年起，陆续推动多项农业转型政策，实施"一乡镇一农渔园区"计划，并开放休闲农场和休闲农业区内农舍经营民宿（民宿是指利用自用住宅空闲房间，结合当地人文、自然景观、生态、环境资源及农林渔牧生产活动，以家庭副业方式经营，提供旅客乡野生活之住宿处所）。

◎花莲是台湾民宿的发源地，图为花莲一处民宿

台湾传统农渔业遇到发展瓶颈、台湾都市民众对乡村农渔业生活体验的追求以及台湾便利的交通等诸多因素，使得一种新的农渔业经营方式——休闲农渔业应运而生，顺势发展！随后，台湾农政部门给予的适时引导扶持，使台湾的休闲农业逐渐发展起来。

（二）台湾休闲农渔业的发展历程

依照休闲农场发展历程的特征，台湾休闲农渔业的历程可分为萌芽期、成长期、发展期三个阶段。萌芽期从创立第一家休闲农场开始，此期为时约16年。成长期长达23年，期间经历探索、倡导、茁壮等阶段，故又分为前段、中段、后段。发展期从2004年迄今，进入新里程。分述如下：

◎游客在"草莓故乡"苗栗县大湖乡摘草莓的情景

1. 萌芽期——观光农园草创期

萌芽期从1965年成立第一家观光农园（台湾休闲农业学会，2004年）开始至1980年。此时期以观光农园形态经营，完全是农民自发性的尝试，目的在借着开放农园供人采摘而节省劳力，并可吸引游客的兴趣，而达到增收的目的。较普遍的形态如苗栗县大湖观光草莓园、彰化县田尾公路花园等。此时期可说是农业开始感受环境冲荡及社会兴起自然旅游，两大力量交汇下产业创新的模式。此期有33家设立，他们是休闲农业的先驱者。

2. 成长期——休闲农业探索、倡导、茁壮期

1980年至1989年为成长期前段，即台湾休闲农业的探索期。本阶段的开端系因1980年台北市政府在台北市木栅区推行观光茶园计划，这是政府推广休闲农业的肇始。紧接着1982年台湾省政府执行"发展观光农业示范计划"，将观光农业在省内推行。最具有指标效应的是彰化县农会东势林场、台南县农会走马濑农场、宜兰县香格里拉休闲农场，在本期内相继设立营运。台湾休闲农业在此三大农场的带动下蓄积一股冲劲，但共同的问题是对休闲农业

图文台湾
荷上锄头钓竿去旅行——台湾休闲农渔业掠影

◎森林游乐区的指示牌

的定位与走向都在探索、磨合、适应。本阶段9年间，休闲农业场家数增至141场。

1989年至2000年为成长期中段，即台湾休闲农业的倡导期。本阶段的开端系1989年台湾"农委会"委托台湾大学农业推广系举办"发展休闲农业研讨会"，会中确定"休闲农业"的名称，这项定名对于休闲农业的定位与走向产生关键性的影响。"农委会"同时发布实施《森林游乐区设置管理办法》，发展森林旅游。"农委会"开始积极推行发展休闲农业的相关计划项目，诸如，组成发展休闲农业策划咨询小组、研讨法规、加强倡导及教育训练，重视休闲农业教育与研究等。1992年，"农委会"订定《休闲农业区设置管理办法》，规定面积50公顷以上为设置休闲农业区的条件。这是台湾发展休闲农业的首部法规。到了1996年，修订为《休闲农业辅导办法》，区别休闲农业区与休闲农场的概念，并赋予不同的辅导方式。1994年首度引进市民农园的制度。本阶段农业界及社会积极投入休闲农业，代表农业转型发展的迫切性及民众自然生态旅游及农业体验的高度需求。本阶段11年期间，休闲农业场家数增至610场。

2000年至2003年为成长期后段，即台湾休闲农业的茁壮期。本阶段的开端系2000年，农业发展条例增订休闲农业的基本规定，显示政府对休闲农业的重视，从政策面提升到法律面。休闲农业法规随之重订，同年将《休闲农业辅导办法》修订为《休闲农业辅导管理办法》，放宽申请休闲农场的面积到0.5公顷的规定，奠定休闲农业在本阶段蓬勃发展的基础。值得一提的是，2001年台湾"行政院经建会"公布《台湾旅游发展方案》，台湾"交通部观光局"订定《21世纪台湾发展观光新战略》，均提出发展生态旅游、健康旅游的策略，使休闲农业与台湾观光旅游政策相呼应。同年"农委会"推行《休闲农渔园区计划》，规划此后四年休闲农业的辅导模式。2002年"观光局"发布

《民宿管理办法》，扩大休闲农业发展的空间。本阶段短短三年间，休闲农业总场数增至1021场，增设了411场。

3. 发展期——休闲农业新里程

发展期从2004年开始。台湾的休闲农业发展到前阶段，可谓达到了千家的高峰期，故本期不再追求量的增加，而是企求质的提升。《休闲农业辅导管理办法》在2004年再次被修订，主要精神在提升服务质量，促进稳定发展。另如休闲农场评选、休闲农业区评鉴等措施都开始执行；鼓励创意开发，参加国际旅展，试办长宿休闲，都在带动提升质量；至于质量认证则在规划中。辅导休闲农场申请筹设及登记，达成合法化经营，是另一项重点措施。值得一提的是，2004年台湾服务业发展会议建议规划与推动具国际观光水平的休闲农业区，对提升区域性休闲农业质量具有鼓舞作用。整体而言，本期的特征是将休闲农业推向更高的发展阶段，促进永续发展。

（三）台湾休闲农渔业的现况

近年来，台湾休闲农渔业一路呈现递增之势，特别是1999、2000、2001三年陡增，2002年以后则呈缓增。在1985年前，增加100场需21年时间；到1992年，需7年时间；到1994年仅需2年时间；再来，不到2年、1年半、不到1年……增势愈来愈快，显然产业界极为看好休闲农渔业。本节将从分布情况、体验项目、资源投入、营运成果四个方面介绍台湾休闲农渔业现况。

1. 广泛的分布情况

按台湾2004年《休闲农业场家数全面性调查报告》统计，截至2004年，台湾各种类型休闲农渔业场所已达1102个。休闲农渔业发展多集中于台湾北部（44.7%），此乃北部对休闲农渔业的社会经济推拉力量较强所致。就各县市来看，宜兰县128场居首位，南投县100场居次，二县场数共占五分之一，其次为桃园县、台北市、台中县、苗栗县，以上6县市的场数超过全台休闲农渔业场所的半数。

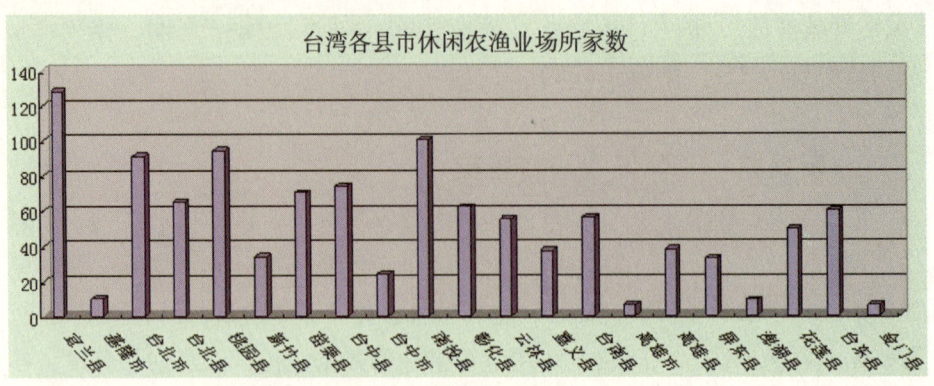

图文台湾
荷上锄头钓竿去旅行——台湾休闲农渔业掠影

◎2004年台湾休闲农渔业场所分布图

根据统计，台湾平均每个乡镇市区约有3个休闲农渔业场所。休闲农渔场密度（平均乡镇市区的休闲农渔场数）较高的有宜兰县，约为11个；台北市，约为10个；桃园县，约为8个；南投县，约为8个。

2. 多样的体验项目

台湾各类休闲农渔业场所，大多具有教育解说服务及教学体验活动，所占比例分别为86.5%、63.8%，可见台湾休闲农渔业场所大多具备教育功能。此外，台湾休闲农渔业场所的功能较为完备，半数以上的休闲农渔业场所提供风味餐饮品尝、乡村旅游及生态体验三项活动，其中生态体验项目包括昆虫生态、溪流生态、赏鸟、渔业生态、赏鲸豚等。台湾水果量多质佳，为休闲农业发展提供了良好条件，果园采摘为休闲农业发展最早的传统项目，提供该服务的休闲农业场所有532家，占48.3%，主要的水果种类依次为柑橘、柚子、百香果、桑椹、火龙果、龙眼、西红柿、李、芒果、桃、梨、番石榴、荔枝、水蜜桃、柿、杨桃、草莓等。除水果外，蔬菜采收近几年也逐渐兴旺，经营该项目的农场达328家，占29.8%。农作体验是城市居民零距离接触农业的主要休闲方式之一，台湾有484家休闲农业场所提供该服务，占48.3%，主要包括水稻、花卉、茶园、香草、药草、菇类、咖啡等农产品体验。当前，三分之一的休闲农渔业场所已具备农庄民宿功能，营运方式更为多元，人民出游更为便利。此外，农业展览、民俗技艺体验、林场体验、牧场体验、渔场体验、农村酒庄、市民农园等体验活动及经营项目也越来越活跃。

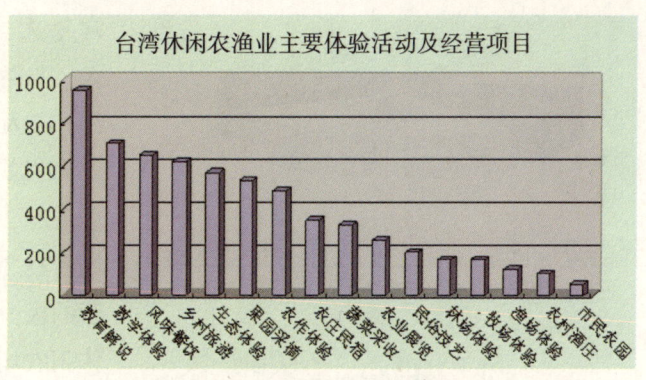

◎台湾休闲农渔业体验项目表

3. 源源不断的资源投入

（1）土地投入。台湾地区投入休闲农渔业的总土地面积为6589.7公顷，平均每场6公顷。其中，休闲农场土地面积在0.5至3公顷者最多，有589场，占53.5%。按照《休闲农业辅导管理办法》，这些都可以申请农渔业体验型的休闲农场。面积为3至10公顷者为249场，占22.6%，这些若是非山坡地或是都市土地的山坡地皆可申请综合型的休闲农场。面积100公顷以上者9家，仅占0.8%，这些无论是在山坡地或非山坡地，都市土地或非都市土地，均可申请综合型的休闲农场。面积未满0.5公顷而实际营运的休闲农业场所为149场，占13.5%，这些达不到申请休闲农场的门槛面积，其发展需要设法辅导或处理。

（2）劳工投入。以休闲农场为例。台湾休闲农场以家庭经营为主，在旺季时大多雇佣临时工作人员，其常年工作人员（包括场主、家工及雇工）较少，但不定期的临时工作人员较多。台湾地区投入休闲农业的总人力数量，

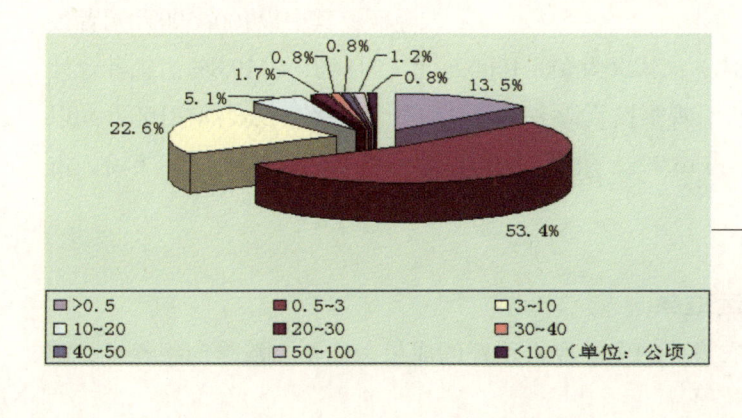

◎台湾休闲农业场所利用土地面积情况

图文台湾
荷上锄头钓竿去旅行——台湾休闲农渔业掠影

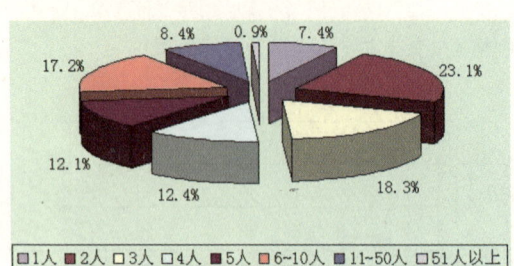

◎台湾休闲农场常年人力统计表

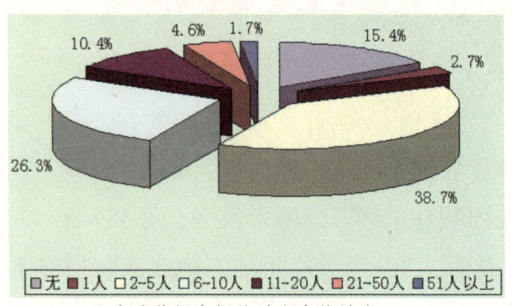

◎台湾休闲农场临时人力统计表

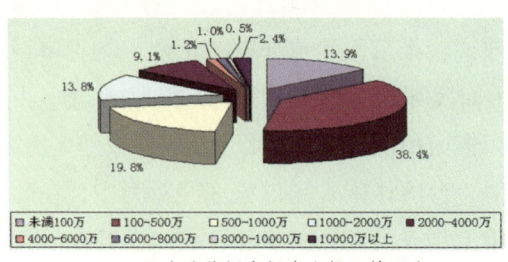

◎台湾休闲农场资金投入情况表

常年人力为6711人，每场6.1人，临时人力为11387人，每场约10.3人。休闲农场常年工作人力以2人的场所最多，达255场占23.2%；其次为3个人，202场占18.3%。场主一个人单独经营的极少，仅有82家，占7.4%。休闲农场的常年人力以2~5人最多，共727场，占66.0%。

在休闲农场假日或繁忙季节，以家庭为经营主体，但需要调节人力数量，雇佣临时劳工的台湾休闲农场有932家，占83.3%。临时劳工的雇佣，以增加2~10人为最多，共计717场，合计占65.1%；而仅有170场不需增加人力，约占15.4%。

（3）资金投入。台湾休闲农渔业投资总额为128亿元（新台币，下同），平均每场投资1164万元。观察休闲农场投资金额，其中以100~500万元者最多，有423场，占38.4%；其次为500~1000万元，218场，占19.8%；二者合计共641场，合占58.2%。观察投资最多与最少的两个层级，投资额在100万元以下的农场有153家，占13.9%，最多为10000万元以上的农场则仅有26场，占2.4%。

4. 丰硕的营运成果

台湾地区休闲农渔业的发展取得很好的成果，旺季与淡季全年各半，游客人数，旺季每月约589万人，平均每场5342人，淡季每月约230万人，平均每场2088人，合计全年的游客人数约为4913万人。旺季每月游客人数以101~500人的农场为最多，共333场，占30.2%，而淡季每月游客人数则以100人以下的农场居多，共556场，占50.5%。

休闲农渔业产业全年营运规模约为45亿元新台币（单位下同），此乃休闲农业每年创造的经济产值，每场全年总营收约为409万元。营运收入主要包括门票、餐饮、住宿、在场销售及其它收入几个部分。台湾休闲农场大多不收取门票，收门票的仅191场，占17.3%，门票收入总额为5.4亿元，平均每场285万元；540场有餐饮收入一项，餐饮收入总额为12.5亿元，平均每场每年232万元；297场有住宿收入，住宿收入为17.5亿元，平均每场每年589万元；660场有在场销售一项，在场销售总额为10.8亿元，平均每场每年163万元；其它收入主要为活动体验收入，290场有此项收入，平均每场每年140万元。

休闲农渔业将农渔业产销活动与休闲游憩相结合，其发展可将农渔业由生产形态提升为以服务、教育、休闲为主的形态，创造农渔业旅游商机，从而改善了台湾农渔业产业结构，使农渔业生产向二三产业延伸，产生了叠加或乘积的效应，促使农民致富，增加农村就业机会，又吸引过去从事其它产业的人投资休闲农渔业，使其成为台湾正在兴起的新兴产业，促进了农村经济的发展，激发农村居民的爱乡热情。城市居民到农村，增进了城乡交流，有助于台湾农渔业转型，促进了农村经济的发展。此外，台湾休闲农渔业还取得了良好的生态效益，公共设施的完善和环境的美化等都为人们提供了一个和谐的生活条件。

二 台湾休闲农渔业主要类型及未来走向

近年来休闲农渔业在台湾已广受重视，在台湾"农委会"等相关部门的协助下，各式各样的休闲农渔业蓬勃发展。为了让读者对台湾休闲农渔业现况有更全面的了解，本章将分别介绍台湾休闲农业（狭义的概念）和休闲渔业的主要类型，并对未来台湾休闲农渔业的发展进行展望。

（一）百花齐放才是春——休闲农业的主要类型

狭义的休闲农业又称休闲观光农业、观光农业、农村旅游、乡村旅游，是指一种在生产性的农庄上经营的观光旅游业，观光活动对于农业生产及其周边活动具有增补作用，游客不仅可观光、采果、体验农作、了解农民生活、享受乡土情趣，而且可住宿、度假、游乐。本节所指休闲农业，亦即不包括渔业在内，而以种植业为基础的休闲农业。

为了满足市民对不同农业休闲体验的需求，台湾休闲农业呈现出多样的类型。其中主要有观光农园、观光茶园、观光花园、市民农园、教育农园、民俗民宿、休闲农场、农业休闲园区等多种类型。

观光农园、观光茶园、观光花园及市民农园等多流行于城市近郊，主要是开放成熟的果园、菜园、花园、茶园等，让游客摘果、摘菜、赏花、采茶，享受田园乐趣。在台湾，不少观光农园以名、特、优、新的农作物，较好的设施，高科技含量进行生产，并以此吸引游人，向人们展示先进的生产技术和多姿多彩的产品。市民农园与前三者不同之处在于，除了不定期地提供采摘体验外，还让市民在农园内认领一块土地，市民可在节假日来农园务农，平时则交由当地农民照管。这是一种更为新型的休闲农业方式。

教育农园是兼顾农业生产与教育功能的农场经营形态，即利用农场环境和产业资源，将其改造成学校的户外教室，具备教学和体验活动的场所、教案和解说员。农园中所栽植的作物、饲养的动物以及配备的设施极具教育

◎教育农园里的户外教室

内涵，如农园里各类树木、瓜果、蔬菜均有标牌，备有蝴蝶等昆虫是如何变化来的等活生生的教材，人们在休闲的同时还可以学到不少有用的知识。

民俗民宿则是指有效利用自然环境、景观、特色产业、文化和民俗，让人们自然接触、认识和体验。它以不破坏整体农村自然景观为原则，重点是仿建农庄小土屋，发展民宿农庄，特色是具有浓厚的乡土风情。其设施虽然简单却具有乡村特有的自然宁静的气氛，游客可以借此体会农村闲适的生活，充分享受农村和平安宁的夜晚乐趣。休闲农场是一种综合性的休闲农业区，指利用乡村的森林、小溪、草原等自然风光，附设小土屋、露营区、烤肉区、戏水区、餐饮区、体能锻炼区及各种游憩设施等，为游客提供综合性休闲场所和服务。农场内提供的休闲活动内容一般包括田园风景观赏、农业体验、童玩活动、自然生态解说、垂钓、野味品尝等。除了可观光、采集、体验农作、了解农民生活、享受乡土情趣外，更重要的是可以住宿、度假、游乐。

休闲农业园区是具有农业特色及丰富景观资源的地区，往往横跨几个乡镇，甚至跨越二县市以上区域，由县市政府部门参酌当地居民需求与建议，统筹整合辖内资源，规划本区域休闲农业发展特色及发展蓝图。休闲农业园

图文台湾
荷上锄头钓竿去旅行——台湾休闲农渔业掠影

区域面积较大，园区内又多包括几个、十几个休闲农场，因此园区景观丰富、休闲活动多样，是台湾休闲农业中的集大成者。按台湾休闲农业辅导管理办法第五条第一项规定：休闲农业区，由当地县市主管机关拟具规划书，报请省主管机关划定；跨越二县市以上区域者，协议由其中一主管机关依前述程序办理。迄2007年，台湾合计创设63个休闲农业区，134个乡镇办理休闲农业园区。

（二）百舸争流千帆竞——休闲渔业的主要类型

休闲渔业指的是利用渔业资源、渔村文化、自然景观、生态环境，并结合地方特色的相关渔业活动，以提供民众休闲旅游活动机会，增进其体验渔业经营及渔村生活为目的的休闲产业。国际的休闲渔业起源于20世纪60年代拉丁美洲的加勒比海沿岸，兴盛于20世纪90年代欧美、亚太地区。国际上，休闲渔业已逐渐成为现代渔业的支柱性产业。台湾地理位置特殊，有史以来，不论明、清、日据时期，台湾沿海一直受到严格的管制，1945年光复后实施戒严，沿海及港口的限制十分苛严，除了渔民及军事人员以外，普通民众少有亲近蓝色海洋的机会。由于民众对海洋活动的需求日益殷切，事实上也有许多海钓爱好者，假借渔民身份出海钓鱼。1985年台湾颁布《台湾地区海上钓鱼管制实施要点》，1986年又公告实施《核发海钓船专用执照管理要点》，开放部分海域及船只海上钓鱼活动，1987年台湾宣布解严，至此，台湾才开始以积极的态度扩大民众海上游憩的活动。1991年"渔业法"增订娱乐渔业专章，1993年订立《娱乐渔业管理办法》，将海上休闲纳入渔业的一环，正式开始台湾休闲渔业的发展。

休闲渔业有多样化的发展形态，按照台湾渔业经济发展协会调查，台湾休闲渔

◎基隆港的娱乐渔船喜来升号

业可分类为运动休闲型、体验渔业型、生态游览型、渔乡美食型以及教育文化型等五大类的活动形态。

1. 别开生面的运动休闲渔业

在运动休闲型方面，以各类钓鱼活动为主体，包括有海钓、矶钓和塘钓等。海钓，即依据海洋中各种鱼类生活的海域环境形态，配合其生活习性、栖移状况、季节与气候因素、觅食习性等，采取有效的方法，以钓具和饵料诱钓之。矶钓是指在突出水面的岩石或礁石滩上垂钓。在那些人迹罕至或很少有人为干扰的矶、礁、岛、屿周围，水下往往是悬崖峭壁，深不可测，地形十分复杂；矶岩周围，礁石丛中，海峡海岬，往往都伴生着极丰富的水生动植物，是海洋中各种洄游性鱼类索食、产卵的必经之路，一年四季，鱼源极为丰富，所以成为矶钓冒险家的垂钓乐园。塘钓顾名思义就是指在自然或者人工的池塘里垂钓。

台湾海钓自1985年开放，是最早开放的海上休闲项目。台湾休闲渔业渔船分为专营娱乐渔船和兼营娱乐渔船。前者持有专营娱乐渔船执照，专业经营；后者本身为渔捞作业船，除了领有渔业执照外，还另有兼营娱乐渔业执照，可经营娱乐渔业。近年来休闲渔业渔船不仅数目大幅上升，而且亦朝向大型化及现代化发展，以提供最舒适安全的海钓环境，并且驶向更远距离的渔场。当前台湾共有娱乐渔船338艘，按地区分，北部地区最多，南部次之，东部再次，中部最少。参加海钓的人在台湾的垂钓人口中，所占比例最大。岛内除南投县外，其余各县市均拥有或长或短的海岸线，发展海钓活动

◎海钓归来

◎船钓

◎碧海蓝天下随波矶钓，是何等的惬意

图文台湾

荷上锄头钓竿去旅行——台湾休闲农渔业掠影

先天条件良好。海钓大约可以分为五个大项：船钓、矶钓、滩钓、长线钓及海水池钓等。

台湾矶钓包括浮游矶钓和重矶钓两种。浮游矶钓乃指在矶、岩海岸地形，以浮标方式所从事的钓法，因鱼饵种类不同，而区分为一般浮游矶钓与藻饵浮游矶钓二种。一般浮游矶钓是指以荤饵（包括南极虾、虾仁、海虫、青虫、跳虫或乌格丸等）为饵料浮游矶钓，常见鱼种有黑毛鱼（学名为斑鲏）、雀鲷、水针、剥皮鱼、河豚、鹤鱼、黑鲷、黄鳍鲷、鹦鲷、乌鱼、白带鱼、黄鸡鱼等。藻饵浮游矶钓为台湾所特有，其与一般浮游矶钓的差别在于饵完全使用矮脚白菜（白菜的一种）、鹿角菜、紫菜、海发丝等海藻，而藻饵浮游矶钓鱼种为黑毛鱼、臭肚（蓝子鱼科）、独角天狗鲷（属于粗皮鲷科鱼类）、变身苦（学名金钱鱼）等。重矶钓的特色为选择深邃、潮水流通的矶岩作为钓场，目标鱼为大型的洄游或底栖鱼为主，台湾较为著名的重矶钓钓场有基隆屿、出风鼻、兰屿等地，而常见鱼种为牛港（学名珍鲹）、石斑、薯鳗等。"工欲善其事，必先利其器。"重矶钓的首要任务便是"鸟枪换大炮"，需要配备装有大型强力卷线器或大型轮盘的重矶专用竿，也需以整尾鲣鱼或巴浪鱼或花飞等为饵。台湾北海岸、东北海岸、苏花公路沿线、花东沿海公路沿线、西南部沿海，以及澎湖、小琉球、绿岛、兰屿等离岛均有专供重矶钓的场所。

台湾塘钓也分为海水塘钓和淡水塘钓。海水塘钓兴起于最近十年，此乃海水鱼类养殖技术持续发展而形成的一个钓种。由于所钓鱼的种类繁多，色彩鲜艳，生猛活跃，且大部分属于高级鱼种，海水塘钓如雨后春笋般地兴盛起来。主要鱼种有黑鲷、金龙鱼（金龙鱼是海洋鱼类，俗称红瓜，即大黄鱼，石首鱼科，黄鱼属，是中国四大海产之一）、斑头、石斑、红笛鲷、金目鲈、七星鲈、臭肚鱼、虱目鱼，乃至于小型红曹等。台湾的海水塘钓场主要分布在沿海几个县市。淡水塘钓为台湾目前垂

◎塘钓

— 16 —

钓比赛最频繁的项目，其营运方式分为"职业池"与"休闲池"二种。职业池乃为钓友买下塘钓时间段，然后在限制时间内钓获的鱼属于钓者所有，可以全数带回或是折价退还给池主。至于休闲池，就是钓友仅付少许垂钓费用，所钓的鱼一概立刻放回池中，同时不可使用有倒钩垂钓。当前台湾很多县市都设有专门的淡水塘钓场。

2. 新鲜刺激的渔业体验

在体验休闲型渔业方面，一般分为观光休闲采捕、渔业活动参观、渔村生活体验三大类。

（1）观光休闲采捕类包括有牵罟、石沪、拾贝等活动。本节主要介绍牵罟、石沪两种体验活动。

牵罟即用地曳网捕鱼办法的俗称，是古老的渔业作业方式之一。牵罟捕鱼的日子，各罟的负责人就会到当日轮到的渔场等候，鱼群浮现时，便立刻吹罟螺召唤罟仔脚一起来牵罟捕鱼。作业时，罟网的一端固定在岸边的木桩上，由五人乘罟仔船载罟网出海环绕半圈，顺序下网，再驶回岸边，由一人入水牵网绳的另一端上岸后，岸上的人员再排成两排合力拉起网绳的两端，以拔河的方式将罟网拉回，大约40分钟至1小时随罟网拉近，便可看到活蹦乱跳的鱼、虾，完成牵罟活动。牵罟的主要渔获物——苦蚵仔、鳐仔、鲣鱼等，均用来晒成鱼干或腌成咸鱼。这种捕鱼法一直到1950年代，渔船动力化之后才逐渐消失，但近几年有些渔村为招揽观光客，特意将这种古老的渔业作业方式保留下

◎传统牵罟后，大人可分得渔获，小朋友也能分得一元或五角的零用钱

◎牵罟用的小舢舨

图文台湾

荷上锄头钓竿去旅行——台湾休闲农渔业掠影

来,将最原始的渔业文化呈现给四方游客。

　　早期渔村缺乏大型动力的船只捕鱼,捕鱼多使用竹筏。到台湾光复的前后,因战争波及,船只大多损毁无法出海捕鱼,渔民们便选一处渔获量较多的区域,动员全村参与作业。牵罟需要大家一起合力,在收成分配方面,凡是加入拉网行列的人,就能分得一部分渔获物,"牵罟倚绳就分钱"、"牵罟有人有份,大肚仔分双份"的俗谚表达的正是这个意思。所以牵罟对早期渔民来说,是他们的生活展现,更是他们人际关系的呈现。

　　目前,屏东的枋山、南湾,宜兰的头城,澎湖的莳里、山水、望安等地都购置有渔捞设备供游客体验先民牵罟渔捞作业,让游客与海水进行亲密接触,这不仅能使人们开阔胸怀、强身健体,还能让人们在感受先民为生之苦时,懂得珍惜当下生活。

　　石沪是一种用来捕鱼的石陷阱,原理为利用潮汐起落,在潮间带堆砌两道长圆弧形堤岸,从浅水处一路延长至深水处,在深水处尽头向内做成弯钩状。涨潮时,鱼群顺着海水进入石沪中觅食海藻;退潮后,石堤已高于海面,鱼洄游至卷曲处被阻,困于沪内,渔民借此捕捉渔获。

　　石沪是一种非常原始古老的捕鱼设施,是先民智慧的结晶。澎湖石沪的最初文献记载见于1720年的《台湾县志》中。在没有船只机械可出海捕鱼的时代,渔民大多在潮间带从事海耕,开始时,只是徒手抓鱼,后来利用沙滩上的蔓生植物鲨藤织成网来围补鱼群,接着进一步观察出鱼儿洄游的特性,加以填造石沪。

　　石沪的发展需要特定的自然条件,必须在潮间带辽阔、风浪强、潮差大、石材取得容易的地方才能发展。澎湖具备发展石沪的良好条件。据统计,全世界石沪约不到600口,而台湾澎湖列岛

◎澎湖七美岛美丽的双心石沪

- 18 -

就占了574口，为世界上石沪密度最高的地方。当下，澎湖渔民还在退潮的时候到他们的石沪里捡鱼。石沪已成为澎湖最具特色、最有代表性的一项产业文化。

　　石沪由于先民的巧思，造型非常优美，现已成为旅行者最佳的摄影拍照题材，观光客最好的驻足观赏地点。澎湖七美屿的双心石沪，更以其美丽的造型，衬以湛蓝的海水，远近驰名！

　　除澎湖的白沙、吉贝外，苗栗的外埔也有石沪分布。如果有兴趣，在节假日的时候，可以约上三两好友，到这些地方去欣赏美丽的石沪，待退潮后还可享受跳浪追鱼、手到擒来的摸鱼之乐，身心将得到完全的放松。

　　(2) 渔业活动参观类包括参观渔捞作业、箱网养殖、定置网作业、鱼塭养殖和水产加工等。主要是经由团体与学术单位向地区渔会或业者接洽，安排参观渔捞作业与水产加工，并藉由参与及体验，以实际了解渔业作业。另外，沿海养殖业者也通过协会成立水产养殖专区，并设立休闲鱼塭养殖示范区，通过结合养殖与休闲，以供民众参与观光体验。

　　(3) 渔村生活体验类有渔村体验、解说、民宿经营等。如花莲寿丰乡的立川蚬场、宜兰五结的大塭观光休闲养殖场、彰化的汉宝合作农场等，提供民众渔村生活体验，享受田园之乐。其它多处渔村地区，亦有民宿的经营者，如台南县七股区的溪南春休闲渔村，享有盛名，为散客民众提供住宿，使其能感受渔村的生活与渔民的辛苦。

3. 惊喜不断的生态游览

　　在生态游览型的休闲渔业方面，包括有赏鲸豚、观渔火及海上"蓝色公路"等。本节主要介绍海上蓝色公路及赏鲸豚等体验活动。

　　(1) 令人耳目一新的蓝色公路。台湾四面环海，海洋资源相当丰富，拥有众多娱乐渔船，为满足台湾人民亲近大海的需求，台湾致力打造了一条海上蓝色公路。台湾海上蓝色公路分为北南两部分，北部蓝色公路由淡水渔人码头出发，行经金山万里等滨海航线，全程约十多海里，沿途停靠富基渔港、野柳渔港。南部蓝色公路由高雄凤鼻头出发，中途停靠小琉球，终点在屏东车城的海口港。

图文台湾
荷上锄头钓竿去旅行——台湾休闲农渔业掠影

◎台湾第一条"多港进出"蓝色公路观光航程在新北市八里龙形码头首航,往来新北市与桃园县竹围渔港

蓝色公路的规划,除了提供大众假日出游的多样选择之外,更突破以前娱乐渔船单港进出的限制,将沿县景点串连起来,结合港与港、陆与海的特色,成为让人耳目一新的复合旅游网。在海上公路尽情徜徉,不仅可以欣赏湛蓝的大海,海岸沿途的美景也尽收眼底,而且还可以观察台湾的地质地貌、各种海岸地形,如海拱、海柱、豆腐岩、壶穴、生物化石、风化窗等。这些不再是书本上的生硬文字,而是全部在此集合,让游客一次看个过瘾。蓝色公路堪称大自然的地理教室。

(2)惊喜不断的赏鲸豚活动。台湾赏鲸豚活动始于1997年,当下赏鲸豚活动主要集中于东海岸的宜兰、花莲、台东,依照观赏海域来分,主要有龟山岛海域、花莲海域、石梯海域、成功海域及富冈海域。每年4~10月为赏鲸豚活动的旺季,此时东北风停歇,大型鲸类洄游,经过花东海岸。届时各渔港每天均有船舶出海,赏鲸豚主要范围在渔港20里内海域,鲸豚发现率高达八九成。赏鲸豚以赏海豚为主,鲸类是大洋洄游动物,行踪捉摸不定,但海豚是"本地住民",而且活动海域都离岸不远,目击率较高。常见的鲸豚主要有飞旋海豚、瑞氏海豚、瓶鼻海豚、热带斑海豚、弗氏海豚、伪虎鲸、虎鲸、大翅鲸、抹香鲸、短肢领航鲸。

游客随着渔船出海,心情总是

◎花莲县石梯坪渔港是台湾赏鲸活动的发源地

二 台湾休闲农渔业主要类型及未来走向

雀跃的,尽管永远不知道当天能和哪种生物在海洋里相遇,但是即便是被惊吓而跃起的飞鱼,也能给游客带来惊喜。渔船再行至远处,惊喜更随着航行不断出现更替,飞旋海豚精湛的空中旋转,聪明的瓶鼻海豚相依而行,跳跃高手热带斑海豚空中炫技,美丽的弗氏海豚沉浮于海面。当然如果你足够幸运,还能看到领航鲸成群地浮漂,它们潜水时竖直的漂亮尾鳍更让人惊叹。

◎美妙绝伦的鲸豚之舞

4. 美味可口的渔乡美食

渔乡美食型的休闲渔业主要提供海鱼品尝、生鲜鱼及特产选购体验,以假日观光鱼市为主。台湾已有十余个渔会在政府的协助下,设立假日观光鱼市,提供渔业的名特产或海鲜熟食,供民众品尝水产佳肴,加上渔港特色,深受民众欢迎。这些假日观光鱼市由政府协助经营发展的有台中县的梧栖,桃园县的永安、竹围,新竹市的新竹,新北市的富基,基隆市的碧砂,嘉义县的布袋,宜兰县的乌石,屏东县的东港,台南市的安平,澎湖县的马公等。而其中以梧栖、永安、竹围、新竹、富基等观光鱼市经营最为成功。

◎梧栖假日鱼市鱿鱼丝是热门零食,各家摊位前成堆的各种口味鱿鱼丝任君挑选

5. 生动有趣的文化之旅

在教育文化型休闲活动方面,主要有渔具陈列、鱼虾贝展示博物馆、海事博物馆、文物馆、水族馆、生物教育馆等,如东港区

◎"抢孤"是普度中的一种特殊仪式,习俗已传承几百年,抢孤活动欲表达超度孤魂、慎终追远的意思

— 21 —

图文台湾
荷上锄头钓竿去旅行——台湾休闲农渔业掠影

◎王船在熊熊烈火中火化升天，将整个祭典带到最高潮

渔会和彰化区渔会经营的渔业文化展示馆，以水族和渔业文史展示为主要内容。此外利用渔村地区特有的民俗文化活动发展成的休闲活动项目，亦被称为教育文化型的休闲渔业，主要有宜兰头城的"抢孤"活动（抢孤，首次出现在清朝年间，每年农历七月十五日普度后，有钱人会将祭拜的用品发给孤贫，为避免分发时不必要的伤害，才设计出"竖孤棚"的比赛方法来争取孤棚上的物品）和东港的王船祭、王船出巡、放水灯、妈祖庆生等。

观察上述各类休闲渔业活动的发展状况，除了政府部门愿意投资经营水族馆与渔业文史博物馆等公益性的休闲渔业外，以民俗文化为主体的休闲渔业活动也多局限于有限的渔港渔村地区。民间部门热心经营的休闲渔业项目，以具有经济利益的类别为主，其中特别是海鲜餐厅、娱乐渔船和赏鲸豚活动等最受欢迎，并得以蓬勃发展。观光鱼市结合海鲜餐厅、渔货直销和多项休闲活动业务，已成为最受欢迎的休闲渔业事业，常为经营的渔会带来庞大的业务收入，成为大多数渔会积极争取经营的项目。赏鲸和娱乐渔船，有一定的海洋环境条件，而游客中习惯上船的人数比率有限，因此这类产业历年来大致都维持在一个相当固定的市场规模。

（三）台湾休闲农渔业未来的发展方向

回顾休闲农渔业发展的历程与现况，展望未来台湾休闲农渔业的发展，拟归纳12个策略如下：

一、特色化——善用资源，结合农渔村文化，塑造农场特色。休闲农场的资源分别为自然资源、景观资源、产业资源、文化资源及人的资源等。农场经营者是否能够发掘其优势资源，发挥农村及农业资源特有的生物性、季节性、实用性，以营造农场的特色，而非引入外来事物，抄袭模仿。这将是休闲农场在起跑线上领先的关键。特别是农村文化资源的结合发挥，可以塑造休闲农场独一无二的特色。

二、体验化——重视游客参与，设计体验活动。台湾体验经济已经起跑了，休闲农渔业是体验经济在农渔业的实践。如何将优势资源设计成知识性、趣味性、人性化的体验活动，将游客融入情境，调动其视、听、嗅、味、触觉的5种感官，使其产生美好的感觉、难忘的回忆。藉由各国休闲农渔业发展事迹的验证，这是未来休闲农场制胜的关键。

三、知识化——知性探索，结合导览解说提供自然教育的机会。对自然生物界知性的探索，是任何群体游客的主要兴趣。特别是台湾在2000年9月颁布"中小学九年一贯课程暂行纲要"，列举"农场"是"自然与生活科技"学习领域实施自然教育的场地之一。所以为因应自然教育的需求，休闲农渔业的教育农园形态是未来值得发展的方向。

四、生态化——维护自然环境，提供生态旅游。自然生态资源是休闲农渔业的宝贝，生态旅游是休闲农渔业的独门绝活，是一般观光产业最羡盼的领域。在2001年，台湾"行政院经建会"《台湾旅游发展方案》及"交通部观光局"《21世纪台湾发展观光新战略》均提倡生态旅游，生态旅游应成为台湾旅游的新趋势。所以休闲农场应珍惜"自然资本"，在休闲旅游与生态保育之间取得平衡，以奠定永续发展的根本。

五、健康化——发挥养生功能，促进健康。休闲农业的基本功能就是提供一个减压解劳、养生保健的场地。都市人经年累月地在住宅与办公室的两个小空间之间不断流动，休闲农场就是提供市民暂时脱离家庭与工作束缚的"第三空间"。所以未来休闲农场经营者应致力于维护环境，提供新鲜空气、洁净水、无毒蔬果，设计养生餐饮及健身运动，并营造和善而富有人情味的社会情感，以利游客维护身心的健康。

图文台湾
荷上锄头钓竿去旅行——台湾休闲农渔业掠影

六、合法化——遵守法令规章，合法营运。台湾设置休闲农场须经许可登记，所以休闲农场办理登记后，方为合法化的经营。由于休闲农场是提供游客休闲旅游的公共场所，所以其土地利用、设施营建、环境维护、餐饮卫生、场地安全等等，均须经检验合格，以维护消费者权益。休闲农场是否合法登记，常是游客考虑选择的重要条件。因此合法登记的休闲农场具有营销的优势，而且未来合法化是休闲农场经营必走的路。

七、区域化——以地区为范围，发挥集聚经济的优势。个别休闲农场通常资源有限，无法满足游客所有的游憩需求，吸引力度不会很高。因此地区性或小区型的休闲农业发展形态实属必要。在划定的区域内，整体规划，资源互补，体验特色互异，营运互相支持，共同营销，合力规划游程，而能提供游客全套的服务，增加满意度。所以台湾"农委会"鼓励具有休闲农业优势的地区规划发展"休闲农业区"，用意在此。目前已公告划定57个休闲农业区，未来应积极规划发展。

八、精致化——提高服务质量，精致化经营。随着游客对旅游质量的重视，休闲农场的服务质量益趋重要。休闲农场的服务种类主要包含"体验及一般服务"、"餐饮服务"及"住宿服务"三类。台湾"农委会"近两年委托台湾休闲农业学会评鉴休闲农场的服务质量，给予评等并编印营销手册，以引起业者对改善服务质量的重视。服务质量的提升是无止境的，所以未来应继续努力。

九、效率化——导入现代化管理系统，提高经营绩效。休闲农渔业是新兴的农企业形态。由于休闲农渔业讲求投资报酬，市场反应灵敏，应用商业技能多，所以不论其经营主体是家庭或公司企业，都要运用现代化的经营管理方法。现代化管理系统最需要应用在休闲农场的营销管理、财务管理、人力资源管理、策略联盟、餐饮管理、住宿管理、经营诊断等方面。休闲农场经营绩效好，经营者才有信心，永续经营才有可能，政府农业转型的政策才获得效果。所以结合现代化管理系统是未来休闲农渔业发展的重要方向。

十、度假化——开发长宿休闲市场，提供深度的农村体验。鉴于欧洲度假农场已成为旅游产业的特色商品，因此台湾休闲农渔业开发长宿休闲市场有其可行性。面对有钱有闲的退休族，希望暂时离家在台湾岛内外找一个宁静安适，又具有人情味的地方度假，以体验当地的自然及风土人文，台湾都具有发展度假农场的优势条件。特别是日本观光客，普遍喜欢台湾优美的自然环境及浓厚的人情味，所以政府可辅导符合条件的休闲农业区或休闲农场经营接受长宿休闲旅客的度假农庄。这会是台湾休闲农业未来的一种新形态。

十一、融合化——秉持乡村的主体性，促进城乡交流。目前台湾休闲农渔业很多处于以提供采果、垂钓、餐饮、住宿等游憩活动为主的经营方式，以追求经济利益为目标。但思考未来的发展方向，台湾应学习先进经验，要重新建构新的价值观，重新检讨农渔业的角色与功能。今后的观光休闲将不再让都市游客肆意吃喝享乐，而选择接待那些能够谦虚接受农村及农渔业优点的游客，强调农家与都市居民应相互扶持，进行持续性的城乡交流。城乡居民共同寻找真正的富裕，共同拥有丰富的农村环境，并具有永续发展的价值。这将是未来农渔业体验的目的。

十二、国际化——扩大视野，迈向国际旅游市场。根据台湾休闲农渔业全面性调查的结果，全年游客人数为4913万人次。以台湾2300万的总人口数言，要继续增加旅游人数，势必要吸收国际观光客（包括大陆观光客）。台湾"农委会"近几年辅导休闲农场参加国际旅展，效果尚佳。所以未来休闲农场经营者应配合政府观光客倍增计划，积极参加国际旅展，以向全世界营销台湾休闲农业之美，以更广的视野，设计农村及农业体验，提高服务质量，而吸引国际观光客。

三 台湾休闲农业撷英

台湾休闲农业自1965年成立第一家观光农园开始发展至今，已拥有各式各样的类型，其中自1989年开始，台湾循序推动休闲农场、休闲农庄以及休闲农业园区等休闲农业类型的发展，如今，台湾休闲农业已从单一经营的休闲农场发展成拥有较大面积的休闲农庄，甚至更大区域共同经营的休闲农业园区。本章主要介绍休闲农场、休闲农庄以及休闲农业园区的典型代表。

（一）休闲农场的典型代表

各种休闲农业类型中，休闲农场发展得最有声有色、卓有成效。目前，台湾已开放利用的休闲农场中有多家以规模大、规划好、融地方文化和山光湖色于一体而著称。其中比较典型的有：

1. 香格里拉农场——风景无限好，住娱两相宜

宜兰香格里拉休闲农场位于中山休闲农业区，为冬山河流域上游，海拔高约

◎宜兰香格里拉休闲农场入口

250米，是冬山河发源地之一，区内有大量涌泉及伏流，如小埤湖、丸山等，属于典型的农场景致，终年都有适合的气候，风光雅致秀丽。全区地形三面环山，出口处面向太平洋，远眺兰阳平原，山林、河川、丘陵、田埂、岛屿等，一览无遗！邻近的景点有梅花湖、三清宫等。

宜兰香格里拉休闲农场拥有多种多样的生物种类，有猕猴、树蛙、萤火虫、蝴蝶（凤蝶）和各式植物，堪称纯自然的生态博物馆。游客不分年纪大小，都能在这里学习到有关大自然的珍贵知识。为了保护生物多样性，防止生物种类的消亡，香格里拉农场采取了多项应对措施，例如种植乌心石树苗以应对乌心石的消失。乌心石是台湾原生的优良树种。几百年来，台湾人民用它来做家具，做日常用品，导致砍伐严重以至于使其濒临消失。为此香格里拉休闲农场和有关部门合作，自1980年10月开始种植乌心石树苗。如今，几十个春秋倏忽而去，总数达七万株树苗终于拔高成林。漫步在乌心石林间小道，会感受到其早期遍布台湾山林的原始风貌！

在香格里拉休闲农场，游客可以全天候地亲近自然，拥抱美景。白天漫步在山间林里的信步小道，一路上大山密林让人大呼过瘾，其间还会与农场主精心布置的小景不期而遇，高架在树上的精巧鸟巢、尽显自然的原木健身设施，不禁让人对主

◎香格里拉乌心石林的林间小道

◎香格里拉空中花园民宿指示牌

◎香格里拉农业体验区

图文台湾

荷上锄头钓竿去旅行——台湾休闲农渔业掠影

◎三春茄苳老树

◎三春老树休闲农场入口

◎三春庭园咖啡座

人的奇思妙想叹服。如果累了，还可在随处可见造型不一的各式凉亭里小憩，面海清风，尽享山下美景，自然而又惬意。夜间可携上三两好友去塘边拜访萤火虫，或者动手做个祈福天灯放飞万里夜空，再或者把玩陀螺追忆童年的天真快乐，肚子饿的时候还可以搓几个汤圆权当美味夜宵。到晚上，香格里拉为游客提供了106间雅致清幽的乡野住房，枕着潺潺的流水声酣然入睡，这一切都将让人忘却尘嚣和烦恼，静心体验温馨幸福的农村生活。

2. 三春老树农场——老树逢春，万象更新

漫游在去往长春村的山路上，一棵有三百多年历史的茄苳树守护着这片历尽沧桑的土地。原本的耕作稻田如今化身为一个集田园、生态、健康、休闲及教育等特色于一体的三春老树休闲农场，展现了传统农业转型的新契机。

三春老树休闲农场毗邻彰化县花坛乡长春村油车巷，南临大村乡，北接八卦山脉。附近有虎山岩、文德宫、三山国王庙、台湾民俗村、大村乡葡萄农园、员林百果山风景区等，自成一关联体。农场占地十几公顷，规模庞大，由花坛乡休闲农业产销第一班为规划经营主体，开辟为不同功能区，游客可以随意组合

找到适合自己的休闲方式。从2002年12月开业至今，屡创营业佳绩，带来了地方繁荣。

走进农场，首先映入眼帘的是两个相通的入口，若想先用餐的民众可先由左边入口进入，即可见到绿草如茵的露天咖啡座，还有欧式餐厅、小桥流水的鲤鱼池、美丽的田园景色。餐厅内有许多餐点，都是农园自产的有机水果、香草，让您吃出美丽，吃得健康。天气热时，相信游客不会忘记那杯百香果冰沙的沁凉；天气冷时，相信游客不会忘记那杯顶级茉莉花茶带来的莫大温暖。简单的套餐，会让游客即使是在舟车劳顿之后，亦能稍稍填饱肚子，而新鲜的石莲花汁以及百香果汁，亦是游客休息时的良伴。有带小朋友的家长也不用担心孩子坐不住，因为餐厅后便是户外用餐兼儿童游戏区。沿着长长的石头步道，可以看见坐落于绿野之中的庭园咖啡座，鲜红的屋顶点缀着一地翠绿。游客可以选择在室外品尝咖啡，与大自然的生态一同嬉戏，享受最佳的心灵抒放；亦可以选择装饰典雅的室内，聆听着轻灵的音乐，享受宁静的午后时光。

◎三春九品莲花池

◎三春儿童游戏区

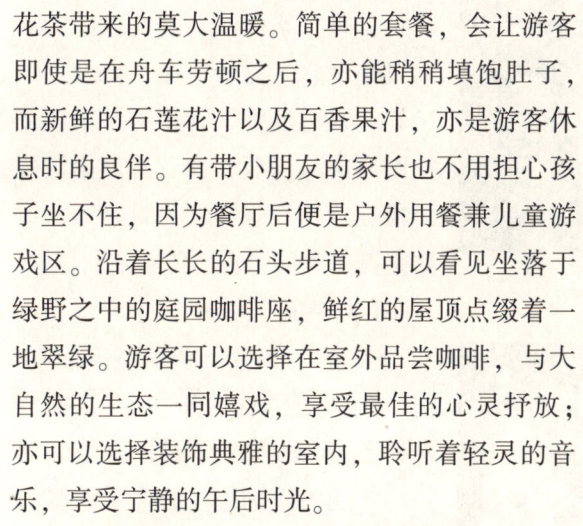

专游园区的民众可由右手边入口进入，园区内有九品莲花池、百香果隧道、沙滩越野车场、温室种植区、石莲花栽培区、草莓种植区、向日葵种植区、鸵鸟园区、兔子园、非洲茉莉迷宫、四色野姜花种植区、农特产品贩卖部、动物观赏区、泥鳅生态池、青蛙生态区、烤肉焢窑区、儿童游戏区等，可供游玩活动。深

图文台湾
荷上锄头钓竿去旅行——台湾休闲农渔业掠影

入九品莲花池,可以感受到就近取材、善用大自然资源的创意,看看三春老树里莲池畔的碧草如茵。看看三春老树里大王莲的气宇轩昂,再看看三春老树里睡莲的淡雅甜美,游客会发现更多关于莲花清丽可人的一面。再去看看非洲茉莉迷宫,迷宫中,茉莉花淡淡的清香轻轻地包围着游人,温柔的阳光洒遍迷宫的每一个角落,这里有孩子们奔跑时愉快的欢呼,亦有大人们漫步时轻松的惬意,因此,即使是迷宫,可走在茉莉花香里,仍是一种最无压力的心情抒放。

为满足游客的求知欲,园区内每一种植物、动物旁都配有解说牌,团体游园还可由专人做整个园区的导游解说。大自然本来就是本百科全书,三春老树休闲农场也是许多幼儿园户外教学点。园区还不断增加体验活动,目前"童玩动手做"有捏面人、龙须糖、风车鸟啼等教作。另外,农场以当天现摘的草莓、黄西红柿、百香果、桑葚、石莲花做成的有机果汁、果盘、冰品,以及用茉莉花、迷迭香、香茅等独家调配制成的养生餐,如茉莉花酿鸡腿排、迷迭香烧烤牛小排、泰式香茅椰香火锅、农园特制茉莉花锅,不但好吃而且健康。

◎北关农场别有特色的导游指示牌(张存端摄)

◎北关农场主题餐厅区(张存端摄)

3. 北关农场——浪漫蝴蝶谷,生态大观园

北关农场位于宜兰县头城镇更新里(旧名梗枋),距滨海公路约1公里,是一处倚山面海的自然生态农场,面积广大、果树林立,拥有日夜四时各具特色的海湾景色,数条来自雪山的清泉终年不

— 30 —

停地流过这里，使得北关形成一个自然的蝶谷。北关农场是当代生活的桃花源，是结合生产、生活、生态"三生"于一体的休闲农场。因独特的地理环境、对自然环境的重视，北关农场蕴藏着丰富多样的动植物资源，其中植物有300多种，蝴蝶有130多种，鸟类有90多种，就连萤火虫也达十几种。由于动植物的自然生态依季节更替而变化，所以北关农场在每个季节也呈现出不同的生态景致。在植物方面有林投果、龙骨草、油桐、红楠、琉球松、藤本、芙蓉等；动物方面有彩色吉丁虫、琉璃凤蝶、大冠鹫、飞鼠、青箱、萤火虫、白斑蝶、独角仙、石墙蝶、青竹丝、黑端豹纹蝶、翠鸟、果子狸、夜鹭、夜鹊鸽。庞大的动植物群构成一和谐的大自然生态，宛如一个自然教室，令游客体验一个又一个的惊喜。

北关休闲农场为了让更多的人一起来体验大自然的宝藏，设有观光果园、住宿区、餐厅、螃蟹咖啡厅、品茗区、野炊区及自助小吃，也增设了钓鱼区、赏蝶步道、观萤步道、观日台、山泉养生戏水池、有声竹子馆、活动中心、会议中心等休闲设施，并通过成套行程的安排，让游客可以在最短的时间内亲近大自然。

近来农场中更成立了世界第一座螃蟹博物馆，馆内珍藏近七百余种的活体或标本的螃蟹，令人大开眼界、赞叹不已。望

◎北关休闲农场里怒放的波斯菊海（张存端摄）

◎北关休闲农场螃蟹博物馆

◎北关农场螃蟹博物馆里的螃蟹标本（张存端摄）

◎北关农场六随处可看到这样的螃蟹雕塑（张存端摄）

图文台湾
荷上锄头钓竿去旅行——台湾休闲农渔业掠影

◎南元休闲农场别样的门口景观

◎南元花园亿年木化石

着那些色彩鲜艳的铁甲武士生动活泼地舞动着双螯，时而前进，时而躲藏，我们感受到大自然的奥妙，更深刻地感受到生命的活力与喜悦。

4. 南元农场——人与自然的和谐，知与行的统一

南元休闲农场简称南元农场，园区总共占地30公顷，以保持自然生态为原则，活用大自然的原始景观及农村田园文化资源。自对外开放以来，南元休闲农场精心规划的园区、用心经营的态度，一致获得消费者的信赖与肯定。

农场共分三个生态系统：森林生态系统、湖泊生态系统和农田生态系统。

森林生态系统内拥有植物种类高达2012种，堪称生物界大观园，寒带、温带、热带植物均无所缺，树木20万余株，拥有全台最丰富的树种，并拥有长达10公里的林荫道，可尽情徜徉在"高达1800多种芬多精"的怀抱中。漫步在森林小道，晨昏日暮，斜阳薄雾，如梦似幻，会让人有置身童话世界之感，仿佛挥着翅膀的精灵会随时出现在面前。

湖泊生态系统亦可圈可点，天鹅湖游艇湖泊区、水上高尔夫球湖泊区、钓鱼湖泊区、水上动物岛湖泊区、垂榕湖泊区、野鸟观赏湖泊区、瀑布观景湖泊区，七个天然湖

◎南元农场石定瀑布

泊散布其间，和谐统一，却各有不同，功能、特色明确。游湖细赏天鹅曼妙之姿，静待观赏野鸟自由飞翔，坐船穿梭于垂榕湖泊曲折水道，继而抬头仰望瀑布美景，静可湖边悠然垂钓，见心见性，动可水上挥杆击球，随意洒脱。此外，湖泊上还有台湾休闲农场顶级的湖上度假原木屋，建材全是加拿大进口著名的香杉原木，一开启门，即可闻到香杉原木的香气。美式的浪漫风情，再加上日本科技健康床，八大特色保证睡得健康、舒服。原木屋凌空搭筑在湖面之上，与水波山色相互辉映，让人仿佛置身在欧洲、美洲！所有的一切，都将驱散游客的一身疲惫，涤净游客心灵。

　　农田生态系统内的广袤青青草原可以让人尽情奔跑、翻滚、放风筝等，融入自然，远离城市尘嚣，忘却生活烦恼，享受身心愉悦；仿照台湾全岛地形的小岛屿——"台湾岛"依偎在旁，上面栽培了代表台湾各县市的花卉植物并呈现台湾主要溪流的分布，"台湾岛"不仅成为南元休闲农场一道亮丽的风景，而且寓教于乐，让游客可以大致了解台湾地形地貌及植物生长情况，更能体现场主一片经营的苦心；农耕区则是蔬果农作物示范栽培的展示区，在这里，不仅可以采摘蔬果，而且可以亲身体验务农之趣，体会农民知足之乐；竹屋以仿古式闽北建筑风格建造而成，夜宿在竹屋之内，可以全方位地感受农村生活，

◎南元农场湖上度假原木屋

◎南元农场广袤的青青草原

◎南元农场水上高尔夫球打出不一样的感受

图文台湾
荷上锄头钓竿去旅行——台湾休闲农渔业掠影

简朴而不失自然的设施，让人感到身心安宁；鸟园和动物岛配有专业解说员，介绍农场内珍贵的保育类动物；还有全台少见的水上高尔夫，水上挥杆给人们带来不同寻常的刺激快感；到了回馈亭，则可以在这歇一下脚步，买罐鱼饲料，欣赏湖中各色锦鲤争食，热闹万分，也可心生不同的生活感悟。

农场还具有户外教学的意义与功能。南元花园休闲农场寓教于山水的绿色天堂，是一个没有围墙的教室、一个知识的宝库。凭借奇特的地理景观、七个天然湖泊形成的完整食物链的生态，以及鸟类、鱼类、昆虫、植物的丰富自然资源，向外界提供绝佳的户外教学场所，只要善加利用，必可为学生们提供丰富的学习内容。

园内的特产、绝色蔬菜远近闻名，园里所做的菜肴，如香炸杜伯、有机明日叶、有机茄苳土鸡、有机山苏、清蒸笋壳鱼、树子曲腰鱼、罗李亮冰等，都是以周边水库及农场内生产的鲜鱼、野菜、放养鸡为原料，相当美味。罗李亮冰则是农场自行研发生产的食品，内含果肉、果胶、丰富纤维质及高量维生素群，为天然有机健康食品。另外，香醇浓郁的有机东山咖啡、可预防感冒的香蜂冰草茶也是老饕不可错过的美食。

5. 清境农场——清新空气任君取，境地优雅是仙居

清境农场位于南投县仁爱乡境内，海拔介于1600~2100米之间，与武陵农场、福寿山农场合称为台湾三大高山农场。农场早期称为雾社牧场，1959年"国民党退除役官兵辅导委员会"（简称"退辅会"）请专家学者到当地勘查，农业专家认为此地可发展温带果树事业。1960年7月，台湾省政府同意将原属于南投县政府的雾社牧场让购于"退辅会"。1961年2月，"退辅会"为了安置退役官兵及其眷属从事农垦开发，专门在此设置了农场，称为"台湾见晴荣民农场"。1967年，时任"退辅会"主委的蒋经国到农场视察，见此地景致清幽、气候宜

◎清境国民宾馆

人、山势天成，感于此地"清新空气任君取，境地优雅是仙居"，便将农场更名为"清境农场"，并沿用至今。

农场开办后，"退辅会"原本希望农场能自给自足，但没想到却连连亏损，农场为增加收入，还设立了"特产果树专业区"、"温带牲畜发展基地"，仍然无法改善亏损。直到1985年"清境国民宾馆"完工开始营业，宾馆住宿收入远大于农业收入，农场才逐渐从单纯的农场发展成观光农场。1990年，清境农场开始收费，逐渐成为台湾热门的观光景点。民宿也相继设立，各民宿为了展现自有特色以吸引游客，都融入了某种特殊元素，包括风格、形式、色彩等，形成岛内最经典的民宿街。清境民宿街分两个区域：上草原区较集中，属集村型，适合夜间游逛；下草原区属散村型，具有乡野情趣，通过特色步道连结，是踏青赏景极佳的选择。各民宿均设有解说牌，介绍其建筑形式、建筑构思原意、风格特色、建筑年份及营业起日，并叙述其与这块土地的历史渊源。由于各民宿构思原意不同，因此展现出不同风貌，游客在此走一趟，可欣赏到多样且独特的建筑创意，犹如环游世界般。

清境农场紧临中横（中横即中横公路系统的简称，是第一条贯穿台湾险峻的中央山脉，将东岸与西岸接起的横贯公路，全名也称东西横贯公路或中部横贯公路，目前与南横、北横并列为台湾三大横贯公路。）的雾社支线（即

◎清境农场黄庆果园民宿

◎清境农场现场表演剪羊毛

图文台湾

荷上锄头钓竿去旅行——台湾休闲农渔业掠影

◎清境农场的小瑞士花园一隅

◎清境农场的步步高升步道

◎清境农场的观山步道

台十四甲线），气候温和，一年四季均有可观之景，春季到清境农场，会感觉一片欣欣向荣，桃花、梨花、苹果花陆续绽放，4月全月采收春茶，牧羊区毛地黄盛开，一片姹紫嫣红；夏季，农场内桃李成熟，水果采摘，其乐融融，野杜鹃、野菊花四处盛开；秋季，清境可以赏枫，群山换上彩装，一片片火红枫叶飘落，如诗如画；冬季，因清境地处前往赏雪圣地合欢山的必经之路，上山赏雪人络绎不绝，雪花飘落，大地一片洁白，宛如童话般浪漫美丽。此外，清境农场还有一望无垠的绿色大草原——青青草原，平日里，草原是令人心旷神怡的牧野风光，到了假日，则摇身一变为精彩的表演场。农场邀请了来自新西兰的高手现场表演拿手绝活——剪羊毛，现场模拟新西兰的绵羊拍卖、牧羊犬赶羊，并开放游客用奶瓶喂食小羊、和绵羊合照等。

清境地区除了有优美的高山景观外，当年由滇缅地区撤退来台的国民党士兵带来的傣族料理亦为当地特色。此外，清境的旅客服务中心广场设有全亚洲最高约2000米的星巴克咖啡、连锁便利商店、面包坊、景观餐厅等，别具特色。还有，由于当地山区有高山族赛德克人居住，因此，在这里买一些具有民族风情的工艺品也不错。

清境农场素有"小瑞士花园"之称，

它主要以温带花卉来营造花园，用不同色彩的花卉摆放成各式各样的图案，吸引游客驻足留影。园中栽植有枫香、青枫、落羽松、榉木、榆树等，妆点四季色彩。由高山水池扩建的思源池，岸边垂柳依依，石椅、凉亭小巧弯弯，一幅秀丽宜人的景致，并辟设露营区于外围，提供营宿休憩服务。入口处尖顶式欧风建筑，搭配花墙迎宾，柳杉夹道，很有来到瑞士的感觉。

◎清境农场游客观看赶羊表演（张存端摄）

由北到南相互连结的步道群，构成一个踏青、健行、赏景的完备网络，分别为观山、步步高升、落日、柳杉、翠湖、茶园步道等。翠湖步道，一边是茶园梯田，一边可眺望碧湖美景，早中晚步道景色宜人，四季变化气象万千；落日步道是观赏清境特有奇景——红落日的最佳处所，

◎清境农场蜂蜜故事馆

沿途缤纷多彩的花卉区也让人目不暇接；柳杉步道两旁高大的柳杉夹行，凉风迎面吹来，让人如沐浴在大自然的芬多精中；行走于步步高升步道，可欣赏满山枫树林，山羊悠闲吃草的情境，阶梯的顶点为寿山园，可观赏云海的千变万化，更可细赏蝴蝶野鸟飞舞；观山步道，成群的牛、绵羊在大草原上游走，坐在草地上放风筝，风筝似乎可连结到对面的奇莱山上去，或跑或跳自由地享受原野的风光；漫步茶园步道，空气中氤氲着淡淡茶香，沁人心脾，使人忘却烦恼。特色步道连结各景点，除可观山、观云、观花、观湖、观夕阳外，其间清新的空气与景色任君取。

图文台湾

荷上锄头钓竿去旅行——台湾休闲农渔业掠影

来到寿山园,游客同样可以感受生命的律动。蒋介石铜像为园区一制高点,四周美景尽览,又因无污染,很适合观星活动。园内经多年建设,拥有无数的原生植物,并形成了多样性的生态。园区内设有大自然剧场,展示各种生态信息,并有定期解说活动推出。分区栽植了青枫、枫香、樱花、银杏,随着四季的变化,各种花叶争色。这里是想被"色诱"的人们的理想之处。蝴蝶园区里有大面积的蜜源、绿草及诱鸟植物,它们随着季节的更替,变换着色彩,招蜂引蝶,好不热闹。为让爱鸟人士能近距离与鸟儿接触,园区设置了鸟巢及赏鸟亭。甲虫生态区可让小朋友大朋友们认识有趣的虫虫世界。园内还配置解说人员提供专业咨询与解说服务。

6. 绿世界生态农场——原始风貌,生态乐园

绿世界生态农场位于民风淳朴、人文荟萃的新竹县北埔乡,占地70公顷,为一国际级的生态农场。农场内设有天鹅湖、大探奇区、水生植物区、蝴蝶生态公园及鸟类生态公园五大主题公园。园区以动植物的自然生态为基础,搭配台湾传统茅草屋,形成一个集休闲、娱乐及教育于一体的大型生态景观农场。

天鹅湖是个天然形成的湖泊,历史悠久,已开发100年以上,是大湖村农业灌溉的重要水源。置身天鹅湖,肯定会被它的宁静、开阔、如诗如画般的湖光山色所吸引,而湖中悠闲自在的白天鹅、黑天鹅、鹈鹕、红冠秧鸡和各种鸭雁等也非常引人瞩目。它们或悠闲徜徉于平静湖面,或成

◎绿世界生态农场

◎绿世界客家古厝兼作餐厅

群起起落落，自顾自的，完全不受人和外界惊扰。

来到大探奇区，你会发现这里有很多千奇百怪的植物。叶片呈袋状、杯状、毛刷状的食虫植物，如瓶子草、捕虫堇、捕蝇草等，可以将捕获的虫子消化为氨基酸，供其吸收利用。台湾巨蕨死亡后形成的木化石，相信很多人都不曾看过。其余三百多种的台湾原生蕨类，也都年代久远，也会让你有置身远古时代之感。凤梨科植物鲜艳奇特的花朵，让人瞠目结舌。兰花区汇集了世界兰花的主要品种。仙人掌区栽种有上百种多肉植物，很多仙人掌年龄超过百年，让人叹为观止。在亚马逊雨林仿生区，更是步步有惊喜，有树上魔术师变色龙、素食主义的绿鬣蜥，还有漂亮的红尾鸭，或者体重达200公斤、鱼鳞直径达6公分、世界上最大的淡水鱼！

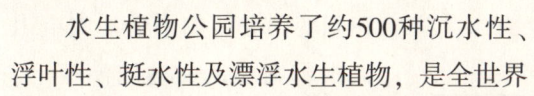

◎绿世界生态农场水生植物区的睡莲

◎绿世界生态农场的鸟类生态公园

水生植物公园培养了约500种沉水性、浮叶性、挺水性及漂浮水生植物，是全世界最整齐最丰富的水生植物聚居地，吸引岛内外专家学者专程前来考察和研究。每到春天，往往是一夜之间，百花齐放，春意盎然。很多花还会吸引大量的蝴蝶，如光叶水菊，每到花期便会吸引成千上万的斑蝶穿梭其间，蔚为壮观。

蝴蝶生态园囊括了凤蝶、斑蝶、虾蝶及粉蝶四个大类，在这里你不仅可以欣赏到成群的蝴蝶绕花穿柳的曼妙身姿，而且可以观察其由卵、幼虫、蛹而至成虫的神奇过程。

尚未到鸟类生态园，游客便会被或婉转啁啾、或清脆悦耳的各种鸟鸣所吸引。园区目前鸟类有二百多种，都是鸟类中较特别和具代表性的品种，如来自南美洲热带雨林区的巨嘴鸟、台湾珍贵鸟类蓝腹鹇以及体型最大的鸽类

图文台湾
荷上锄头钓竿去旅行——台湾休闲农渔业掠影

皇冠鸽等，都让游客为之惊艳。徜徉在充满诗情画意和古意森森的竹林步道，耳闻天然乐章，实乃人生幸事。

7. 阿里磅生态农场——原乡之美，童年记忆

阿里磅生态农场所在的石门乡，位于离淡水约20多公里的北海岸，是台湾最北端的乡镇，沿线景点很多。尤其海岸多奇石景观，石门的名称便是因为该区域海边原有一巨石，因为受到海潮侵蚀而形成大洞，又因地壳隆起，露出海面，状似拱门，故称石门。

附近的景点依次有白沙湾海水浴场、富基渔港、富贵角灯塔、老梅公园、石门洞、游艇码头、十八王公、朱铭雕刻公园、野柳、跳石海岸等，这些是都市居民夏日消暑的好去处。来到阿里磅，从山上远眺蔚蓝的太平洋，相信你会心胸开阔，游兴大发。

◎阿里磅生态农场大池塘

阿里磅位于全台最大的火山群——大屯山系的边缘，并在阳明山公园的附近。大屯山火山群在长期的地质演变下，形成全台湾极少见的辐射状水系，而阿里磅就是位于其中的一个溪谷地形旁。更因为地形的冲积以及早期农业的使用，有着数个大小不一的水塘。蓝天下静谧的池面，伴着农业梯田景观，组成一幅世外桃源的风景画。

◎阿里磅生态农场莲花池

阿里磅生态农场占地110

亩，内有森林、草原、湖泊，以及溪谷等各种不同生态景观，为各种飞禽走兽提供了栖息乐园。湿地是世界上物种最丰富的自然环境，阿里磅内具有多处湿地景观，俨然两栖类的天堂。走在阿里磅农场的休闲步道，只要放慢脚步细心观察，你会发现每个角落都藏匿着各种不同的昆虫。

清晨时分漫步在农场的林间小道，可以看见竹节虫小心地隐藏在翠叶上，台湾大螳螂则挥舞着手臂自顾自地打着"螳螂拳"，一路上蜻蜓低飞，蝴蝶飞舞，让人仿佛来到仙境。

除了林间小径，园区里还有七座水池，因为它们拥有丰沛的天然资源，成为探索自然的最佳地点。不同种类的生物占据着七座池塘，鸟类占据着大池，青蛙盘踞在小池，蜻蜓、蝴蝶维护的是莲花池，而萤火虫则拥有复育池。每个池塘只要用心观察，一定会让你叹为观止、流连忘返。

台湾有31种青蛙，阿里磅便有18种，夏季晚上青蛙大合唱会准时上场。18种青蛙中，最稀罕的是台北赤蛙和黄绿色的树蛙。台北赤蛙体型非常小，往往会三三两两地坐在荷叶上。想要找树蛙不用辛苦弯腰，因为它们就躲在与人同高的树叶上。

到阿里磅农场可别走马观花，多注意身边的植物、昆虫，遇到蝴蝶、蜻蜓属于常事，偶尔还可能遇到"金蝉脱壳"。

阿里磅四季缤纷，从樱花、杜鹃与紫藤绽放开始，宣告了春天的到来，夏夜飞舞的点点

◎阿里磅生态农场叶片上黄绿色的树蛙

◎青山农场

◎青山农场文化馆

图文台湾
荷上锄头钓竿去旅行——台湾休闲农渔业掠影

萤光,和着青蛙们热情澎湃的歌声,似乎正上演着一部精彩的歌舞剧。秋季粉红的芒花、散发着清香的桂花及野姜花,挑动着人们的视觉与嗅觉。冬季淡淡清香的梅花伴着纷飞的细雨与山岚,更呈现出阿里磅神秘与宁静。

阿里磅四季变化万千,各有风情,值得在不同时刻去细细品味。

8. 青山农场——艳红樱花映翠谷,金色花海满山头

青山农场位于台东县太麻里乡金针山,海拔800米。农场建筑原为1967年所建的木造金针厂厂房,现在除保留原有木质结构外,房里还保存当年使用过的农具、机器,以便让游客对过去的金针产业有个直观的认识。为了方便游客在农场做深度旅游,也为了向远道而来的游客提供更全面的服务,农场将金针采收工人的休息区,改建为住宿区、餐饮部及农产品贩售区。农场周边目前除了有一些观景平台、步道及凉亭外,场主从10年前开始便陆续种植各种花木,这些花木经过多年细心照料,或已成林,或随着季节交替绽放,让到访的游客可以看到青山农场的不同景致。

◎青山农场樱花开放

◎金针山忘忧谷金针花盛开中

整个金针山种植了数千种樱花,每年初春到来,樱花开放,把步道变成了一条红红的隧道。游客在樱花树下漫步,清风飘过,阵阵花雨,纷纷扬扬,充满浪漫氛围。山上还种有杏花、李花、桃花、梅花等,可以让游客在这里认识它们之间的异同。

台湾野百合分布极广,从南到北,从海平面至海拔3000米高度,均可见其芳踪,是一种适应

性极强的植物。青山农场也到处长满了野百合,每年4至5月,野百合怒放,草地、崖边、密林随处可见其迎风摇曳。晚间,野百合则散发出淡淡的幽香,令人如痴如醉。

说到萤火虫,大家自然不会陌生,令人惊讶的是青山农场萤火虫品种之多,它约有16个品种。每到夏季,青山农场的萤火虫便会在美丽迷蒙的夜空中尽情飞舞。如果细心,你还会发现,不同品种的萤火虫发光颜色不同,如黄色、绿色及黄绿色,且有不同的发光方式,如点光、连续光、半连续点光、流光,若不是仔细观察,还真难以发现其中藏着这么多奥妙呢。

8月至10月是青山农场最为著名的金针开花季节。金针山在1950年代便开始种植大量的金针。起初,金针都只是采收鲜蕾(开花前的花苞);所以金针山的农民虽然坐拥几百公顷的金针园地,却从没看到过金针花大规模盛开的景象。1980年代后,进口金针鲜蕾大量涌入,加上本土金针采收成本上升,所以许多金针园里的金针无人采收,金针才渐渐地有了绽放美丽的机会。金黄色的花海不仅吸引了与她相伴40年的农民的目光,也渐渐成为吸引外地游客到访的热门景点。

台湾目前有三座金针山,而青山农场的金针山是唯一可以远眺太平洋、绿岛及兰屿的,另外由于青山农场的海拔从600到1340米,落差明显,而金针的花期受温度影响非常大,所以相对其它产地,青山农场金针的花期最长,长达两三个月。

在青山农场走累了,肚子饿了,还可以顺道品尝一下农场当季的各式金针料理,除了花季才有的现炒金针鲜蕾外,还有金针卤猪脚、金针肉羹、凉拌金针等。再加上厨师拿手的水晶油鸡、凉拌山猪皮、香酥溪虾等,绝对可以调动你的味蕾,让你口齿留香。

夜宿的游客,不必担心漫漫长夜,在这里吹着徐徐凉风,品茗或享受香醇的咖啡,都会感到怡然自得。此外,贴心的农场主还会安排各项文娱及自助活动,让游客备感兴奋。

如果有兴趣,场主还会带大家夜游农场,在不远处的陵线平台进行当空解说。仰望飘渺浩瀚的星空,听着各种离奇的神话传说,你会发现自己的心也逐渐沉醉起来。站在平台上四顾,更可以远眺台东市区及绿岛夜景,远处几点渔火缓缓游荡,此景常常让人久驻不肯离去。如果精力足够,凌晨的观日出必不可少,在昏暗的夜里散步至迎曦楼,或坐或站,静观天空云彩变幻,曙光渐渐把东边染成七彩颜色,接着火红的太阳探出头来,一瞬间,海面顿时变成金黄色,波光粼粼。此时此刻此景,言语都是苍白,我们只能惊叹,大自然竟如此瑰丽多姿,千变万化。

9. 火炭谷农场——造桥乡间,炭的世界

火炭谷农场坐落于苗栗县"炭的故乡"——造桥乡。早期的造桥乡10户人家便有七八户人家以烧木炭为生,虽然当下烧炭已成为夕阳产业,但是为了延续木炭文化,经多年努力,造桥乡终于在2003年成立了台湾首座木炭博物馆,这也是火炭谷农场里最具特色的展馆。随着功能的不断开发,木炭逐渐以养生姿态融入人们的日常生活中,木炭博物馆将地方特色文化与休闲产业进行了完美结合。

◎火炭谷休闲农场木炭博物馆

火炭谷休闲农场之旅对许多游客而言的确是一个意义非凡的体验,它那"火炭谷"的名字总是能引起人们的注意,让人有一"炭"究竟的冲动。

进入农场,首先映入眼帘的是宽广大厅里各式以炭为题材的物品,炭雕、炭装饰、炭篱笆,以及前所未见的木炭琴,琴声叮咚,耐人寻味。在人们心中,原以为造桥这个炭的故乡,早已走入历史,没想到火炭谷休闲农场的主人对木炭如此用心。在此,你可以或坐、或听、或饮、或食、或休憩,且皆与炭相关,舒适而惬意。还有,这里无论是炭料理,还是炭泉,都令人"炭"为观止。

农场内除了必备的设施之外,仍

保留了许多天然未受破坏的自然生态环境，如百年玉兰树、古厝、老猪舍等。鸟儿穿梭在枝梢，蝴蝶翩翩起舞于花丛间，还有枝桠间跳跃的松鼠，都会让你感到惊喜。

火炭谷农场拥有强大的餐饮团队，将木炭风味餐饮发挥得淋漓尽致，是农场不容错过的真心推荐品。尤其是在客家菜包中添加食用炭粉及用茄苳叶子衬底的"黑晶元宝"，既增加营养成分，具保健功能，又不失乡土传统美食特色。农场安排的喜宴厅更为游客提供了都会级的美食飨宴。

农场也为游客精心设计了一系列的活动，如迷彩漆弹丛林战、蜘蛛人室内攀岩、庭园风味烤肉、施放祈福天灯、各类型晚会、各式亲子创意动手做活动、养生客家擂茶以及客家麻糬制作体验等。相信你的火炭谷之旅，必定会充满愉悦、刺激，而又难忘。

◎木炭博物馆的展览厅

◎多功能的竹炭片，不仅可长期保存，还兼具调湿除臭功能

◎炭雕艺术

◎火炭谷黑色圣诞大餐，融合炭晶入味，色香味兼顾

◎香柠炭泉水

图文台湾

荷上锄头钓竿去旅行——台湾休闲农渔业掠影

◎酒桶山休闲农场的奇妙云海

◎酒桶山休闲农场景观之美

◎酒桶山休闲农场法蝶艺术厨房你现在会走了吗?

10. 酒桶山农场——法式庄园,浪漫幸福

酒桶山休闲农场在海拔750米的酒桶山山麓,处于台中县太平市东汴里与新社乡的交界处,距离台中市、谷关风景区及日月潭风景区,各仅一个小时的车程。

太平市是一个工业与农业相交汇的市镇,东汴里位处山区,有广大的农业腹地,种植许多水果,有枇杷、龙眼、水蜜桃、高接梨、甜柿、西红柿等,其中枇杷的种植面积最大,是台湾枇杷的主要产地之一,每到4~5月收获季节,便吸引许多外来游客采购,热闹非凡,成为太平的盛事。

酒桶山休闲农场占地8公顷,有奇特的天然景观,奇峰高耸、清风山岚、奇妙云海、落日斜阳、灯海夜景,都让人叹为观止,而且气候温和,冬暖夏凉,动植物种类极为丰富,是不可多得的人间仙境。

在酒桶山一掬人间仙境,有如温一壶月光下酒,醇美醉人。酒桶山休闲农场居高临下,视野开阔,面向大台中盆地,气势恢宏。向东望可看到南投九九峰,向西可远眺台中港区,每逢夕阳西下,海面上一片金黄,游弋的船只清晰可见。山上云雾多变,晨起或雨后,常见云海起伏于山顶山涧之间,随性卷曲

— 46 —

伸展，山头一半云遮，一半雾绕，仿佛蓬莱仙境。夜晚，台中盆地的灯海夜景，如闪亮星钻，如珍珠琉璃，梦幻美景令人陶醉！俯视山下美景，恍惚中不知天上人间！银盘高升，月光皎皎，倾泻大地，这种清凉宁静的感觉，真是动人。不同时辰，光影变化，如诗如画。在酒桶山，只要细心品味，便有"月到天心"的永恒之美。

农场内，野生鸟有白头翁、竹鸡、绿绣眼、五色鸟、画眉等。如果足够幸运的话，你还会看到成群的猕猴出现在林野之中。稀有的独角仙在夏天聚集在树上，总是能引起孩子的尖叫。各色蝴蝶飞舞在花丛中，蜻蜓、螳螂自然也不甘落后，如星星般闪闪发亮的萤火虫，早就不知道俘获了多少情侣的心。值得一提的是，农场内种植了0.5公顷的柠檬香草。游客可尽情发挥自己的创意，亲手将这些可食、可用的香草制成洗手乳、洗发水、柠檬枇杷膏、柠檬香醋等。

为了让游客体验法国饮食文化，以及享受法国度假的浪漫情怀，农场特别规划了以法国餐饮为主题的法式料理餐厅——"法蝶艺术厨房"，厨房具有法国建筑风格和园艺景观，让人有如置身法国乡间的庄园，在古朴中有温馨的浪漫。一道道深具法国风情的精致菜肴，就如画卷落入盘中，色、香、味、形齐聚一身，美馔佳肴

◎酒桶山休闲农场伴手礼

◎酒桶山休闲农场乡村木屋民宿阳台夜景

图文台湾
荷上锄头钓竿去旅行——台湾休闲农渔业掠影

全都是精美的艺术,全都是甜蜜愉悦的享受。这样的美食,你是不是担心价格太高,难以接受?放心好了,酒桶山的所有美食都以平价消费,让人大呼过瘾。正因如此,酒桶山不仅吸引了很多周边人民,而且得到了许多外籍游客的青睐,是深山里的惊艳。

在住的方面,农场内的法蝶度假民宿,为游客提供了一个优质的住宿环境,是游客舒适惬意的心灵花园。民宿分为浪漫温馨的欧风民宿和古朴的乡村木屋民宿两种。欧风民宿的每个房间都有大阳台和宽广的空间,游客在阳台喝茶、聊天、欣赏风景是最大的享受;木屋区则有独立的小花园及凉亭,游客可在凉亭赏景、游玩,快乐无比。

此外,园区内有发呆亭两座、观景台一座,还设置了云居亭、情人步道、赏鸟区、生态池、登山步道等游憩设施,游客在此享受山居的宁静生活,并在视野辽阔的绿树森林中,享受新鲜的空气,静心细听大自然的天籁雅乐,体验山林自然的生态及生活,感受心灵的宁静。压力沉重的上班族,可以陶醉在大自然的森林里,让身体和森林树木一起深呼吸,心情的平静、身心的纾解,会让人感到幸福的轻松。

11. 杏花林农场——美丽花园,迷人香气

杏花林休闲农场位于台北市文山区老泉街,面积0.85公顷,植物以杏花、茶树、樱花、葡萄和柚子为主,自然资源丰富,其中一片未开发的原始林区是生态旅游的最佳场所。面积广阔的杏花林分为三区:A区除了杏花还有许多柚子树,开花时节,花香迷人;B区为杏花林栽种的主要区域,并有完整的步道供游客赏花;C区则保有大片原始林地,是各种青蛙和蜥蜴的天堂。此外,在杏花林畔设有杏花林坊,让民众赏花之

◎杏花林入口处的山樱花盛开

◎杏花林休闲农场宽敞的步道

余还能享受品茗的逍遥和乐趣。每到4月，杏花开放，远远望去如朵朵红云笼罩其间，那种美丽非语言所能表达。这个时候，各地游客络绎不绝地涌到这里，全园3000多株的杏花树是游客照相取景的最佳素材，这里绝对是都市人卸下压力，轻松享受自然之美、天伦之乐的好去处。

杏花林农场虽然从原本纯粹种花欣赏到开放观光，而后转型为休闲农场，但是形态的转变并未稍改场主一家三代一脉相承的经营理念。农场经营处处可见农场主细心之处，步道两旁的杏花一定要留给游客欣赏，不能用作切花，杏花林铺设的宽阔石板道，照顾了行动不便的老人，因此随时可见父母牵着小孩儿、儿女搀扶老人的全家出游赏花、享受自然的景象。

杏花林自然生态之美并无需赘述，其中心思想"教育"则需多言几句。从"亲身体验中学习"是农场经营的哲学和发展的期望。在这里，可以依不同时节体验农夫的乐趣，去播种、浇水、除草或采收。农产品加工在这里是阿嬷（奶奶）的拿手好戏，自制的酱油、腌渍品、草籽粿等，都保证是不加防腐剂的古早味。对于加工技术，阿嬷绝对不会藏私，学两手回家日后绝对有用；农场主对于茶叶的种植、制造、烘焙及品味都有丰富而独到的见解，来到杏花林农场，通过学习可以当个茶叶博士、品茗高手。此外，农场主满怀体制外教育的热情，针对小学教育的教学内容与老师们共同设计在农场的学习课程，均释放出主人希望农场成为城市居民真正的户外教室的美好意愿。

（二）经典休闲农庄

为支持并鼓励台湾休闲农业发展，台湾特于2007年经过初、复、决选三阶段，评选出台湾十大经典农渔村。台湾十大经典农渔村强调"三生"一

图文台湾
荷上锄头钓竿去旅行——台湾休闲农渔业掠影

体——生产、生活、生态的农村印象，呈现村风无限、怡然乐活的台湾农村之美，处处好山好水，包含自然生态、怀旧风情、知性文化气息，是值得所有农渔村学习与发展的典范。本节对其中的经典休闲农庄进行介绍。

1. 星光点点耀花海——田尾乡打帘小区

彰化县田尾乡是全台历史最悠久，也是占地最广的花卉休闲园区，有公路花园的美称，而打帘小区位于公路花园的中心地带，是田尾公路花园的精华地区。由于在产业发展与营销、地方自主营造以及生态理念的落实方面有突出的表现，打帘因此获得"十大经典农渔村"印象奖的殊荣！映照在打帘土地上的花影，回荡在空气中的芬芳，共组成浪漫的氛围，且毫不吝啬地全部公开分享。

◎田尾公路花园一角

◎打帘小区的欧式赏花车

公路花园形象商圈。打帘为台湾目前花卉盆栽最集中及品项最丰富多元的地区，而近年来为因应产业转型及观光活动的发展，许多花店开始发展其它附属产业，如庭园景观餐厅、特色花餐点心等，成为田尾乡内最主要的游憩核心内容。而为创造田尾公路花园的生命力及农村永续发展，带动公路花园周边商圈繁荣与商家特色营造，台湾"行政院农业委员会水土保持局"特举办一店一特色的竞赛活动，各店家运用不同的巧思妆点出花样缤纷，期能藉由商家带头的示范效果，将打帘的特色、产业特点推广至全台，营销田尾公路花园。

轻转自在行。脚踏车是游历公路花园最好的工具，想走就走，想停就停，自己掌握节奏，一路上不同的花草盆栽，宛若绿色的雕塑、生命的花艺，正等着为游人带来惊喜。倦了饿了，歇息在精致的庭园餐坊里，让花草化为不同美食，同时满足身心。

创意设计。打帘小区推出不同的创意设计活动，包括缤纷且具个人风格的组合盆栽、手拉坯、彩绘石头、捏陶、果冻蜡烛、压花组合饰品等，并聘请专家教游客自己动手做出独一无二的纪念品，让游客享有插花的变化性与活体植物栽培乐趣。

◎打帘小区的组合盆栽

2. 舞鹤传奇，风华再现——瑞穗乡舞鹤地区

舞鹤地区位于花莲县瑞穗乡南端，北回归线恰好贯穿而过，也恰好是在由太平洋板块与欧亚大陆板块撞击而成的花东纵谷的中心，因此是花莲风景最秀丽最具特殊风情的坡地农村。

在人口结构上为闽、客、高山族混合，各族群居住在一起，但以高山族人口为主要人口，在形态上为传统的农村形态结构。舞鹤地区早年种植咖啡、陆稻、香茅、木薯、菠萝等作物，但由于舞鹤台地地理环境特殊，气候风土均相当适合种植茶树，至1973年在"行政院农发会"、台湾省政府农林厅、台湾省茶业改良场的辅导下，舞鹤大面积改种茶树，历经茶叶的艰辛研发创新，舞鹤茶园成为闻名的花东纵谷观光胜地。目前舞鹤种有金萱茶、翠玉茶、青心乌龙茶、大叶乌

◎舞鹤茶园风景优美，春日可赏采茶美景

◎舞鹤扫叭遗址

图文台湾
荷上锄头钓竿去旅行——台湾休闲农渔业掠影

◎洋溢着休闲风的舞鹤富源茶庄

龙茶等品种，茶叶厚嫩，风味绝佳。当地居民也保留日据时期种植的阿拉比卡咖啡。据了解，在日据时期，咖啡曾是瑞穗乡舞鹤台地的首要经济产物，日本人与台湾农民契约种植咖啡，并在台湾成立株式会社（台湾有三个产区），瑞穗是其中一个产区，咖啡产品大部分运回日本，传言舞鹤咖啡亦是日本天皇的最爱，日本战败离开台湾后，因咖啡产销发生严重问题，咖啡价格每况愈下，农民纷纷改种其它作物。舞鹤的农村文化，除茶园、产茶、制茶的过程及泡茶、喝茶的艺术文化外，高山族文化也占有很大的分量，这里的高山族皆为阿美人，因而阿美文化因素较为明显。

舞鹤村以天鹤茶广为人知，此外，也有众多集聚人文历史特点的旅游景点，比如，扫叭石柱、北回归线标志、舞鹤水土保持户外教室、观光茶园、瑞穗牧场、达那娃荖工作坊等。扫叭石柱的"扫叭"是阿美话，意谓木板，相传为古阿美酋长居住的遗址，为目前东部巨石文化中最大的遗石。过去，石柱四周布满成行的尖长形石头，高石柱称为阳石，矮石柱称为阴石，其存在象征了先民在这片田园耕犁过的悲欢离合与起起落落。位处富源茶庄旁的水土保持户外教室，则是以水保概念辟建的特殊景点，有步道引领游客领略舞鹤生态，春季可赏蝶飞萤舞，并建有观景凉亭可供眺赏秀姑峦溪流和山林聚落风光，让游客在休闲之余，还可认识水土保持的重要性，并且感受当地居民对水土保持的努力与认同，是个寓教于游的好地点。达那娃荖工作坊于1990年创立，工作坊宗旨则为将阿美人古老的手工艺技术传承下去，店名达那娃荖则为秀姑峦溪的阿美话，也是太阳之子的雅称，这也诠释了阿美人对于太阳的尊崇与敬畏。

3. 风情万种——大湖乡姜麻园

姜麻园位于苗栗大湖乡，交通便利，四通八达，且临近大台中都会区，园区山川秀丽，气候宜人，沿途峰峦云海美不胜收，蜿蜒的西湖溪谷，林木茂密，动植物生态丰富多样。姜麻园也是个民风淳朴、人文荟萃的山中客家小镇，因此非常适合认真打拼的都市人来一趟放飞心灵的体验之旅。

苗栗大湖乡姜麻园自清朝开垦初期试种生姜，因为山区排水良好、海拔高度约800米，地理、气候、环境条件适合生姜生长，于是大量种植，并命名为"姜麻园"，每年11月至第二年3月为老姜主要产期，产量约24万斤，主要批发给全台作为种姜。近年来在发展协会积极推动下，姜麻园加入社区总体规划，积极美化社区环境、登山步道、水果廊道等，使姜麻园成为一处魅力农村，进而成功实现向休闲农业转型。每年姜麻园将会在圣衡宫前广场及姜麻园各休闲农园举办姜麻节活动，除安排出关步道登山健行、草编、公仔动手做、客家文化交流表演外，还有生姜及各式农产研发创意成果展。如2011风情万种姜麻节，则展示以姜特制的吉祥物"幸福龙"，龙头以麻绳编织，龙身则用6000斤生姜组合而成，总长约20米，格外吸引眼球。

圣衡宫位于姜麻园海拔800米处，香火

◎姜麻园的幸福龙

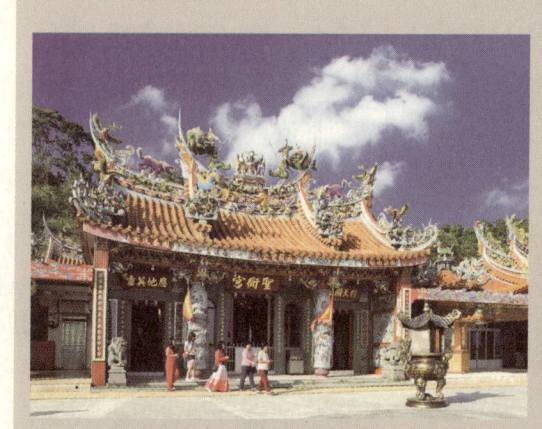

◎大湖乡海拔800米的圣衡宫

◎大湖乡石门客栈

鼎盛，分别供奉着关圣帝君、观世音菩萨、九天玄女，其旁又有福德祠，是一典型的寺庙群。圣衡宫后方云洞山设有25尺高的瞭望台，站于台上，可四顾大湖乡诸多山峰、河川，视野极为开阔。如有幸在此观日出日落，天边云霞血染，变化万千，更会让人感叹大自然的造化。

　　云洞仙居观光农园四季皆有蔬果可采，草莓、水蜜桃、红肉李、高接梨，让云洞仙居的空气一年四季都弥漫着沁人肺腑的甜甜果香。小朋友到这里可以就地取材，进行艺术创作，当地的野草野花无疑让小朋友们上了一堂生动的美术课，无论是压花还是捡树枝进行拼接天马行空的图案，相信小朋友完全抒发后的想象力会让你惊喜连连。

　　石门位于大湖乡的南方，这里的石门客栈，可谓名副其实，里面的设施全部仿照古时候的客栈布置，八仙桌、长条椅凳也大多从大陆进口，一脚踏入其中，便仿佛进入了时光隧道机，时空突变，置身于电影里武侠世界一般，品两杯清茶，超凡脱俗，意境悠远；温一壶美酒，剑胆琴心，豪情万丈。

　　沿西湖溪，住着许多艺术家，各有巧思妙想，其巧夺天工的艺术品，总叫人叹为观止。位于西湖溪畔的山板樵农场，前身是一个木雕工作室，场主夫妇为了让孩子喜欢木雕，通过木制面具脸谱彩绘让孩子亲近这个属于当地的艺术，工作室里整个墙面的脸谱彩绘便是这家人的创作成果，场主更发宏愿，要画1000个脸谱，让游客在这个脸谱文化生活馆体会世间千种表情。脸谱彩绘的缤纷色彩很受小孩子欢迎，在这里，农场提供材料、颜料，让大人小孩可以尽情亲手绘制，绘制完后，还可以将脸谱带回家。

◎大雁涩水社区入口

4. 鱼游美池，雁舞大观——大雁涩水社区

　　循着中潭公路往南投县鱼池乡走，接近日月潭处，可以发现以陶土拼贴的大雁涩水小区的入口标志，车子弯入小径，循着小路往前走，可谓别有洞天。涩水这个静谧安详的小村庄海拔高度600米，区内总面积60公顷。区

内建筑统一采用白屋蓝瓦斜屋顶设计，配合庭园绿化，整个社区外观整齐划一，美轮美奂，置身其中有身处欧美风景名胜的感觉，故有"台湾小瑞士"之美称。游客漫步乡间石板步道，可欣赏阶梯茶园、特色花卉等多样农产。硕大的康卡多、紫色的桔梗花迎风摇曳；而荒地、河边的野姜花随处可见，徜徉在涩水的羊肠小道上，空气清甜而干净，微风轻拂，淡淡的清香扑鼻而来。走访涩水，处处有惊喜。

◎白屋蓝瓦斜屋顶，错落在绿意盎然的山丘上

涩水社区近年来运用盆地内百年来不曾改变的美丽风光、丰富生态，找回先民特色农产"阿萨姆红茶"，同时让烧陶老文化归队，使涩水成为一处"喝红茶、玩陶土、体验生态"的好去处。

涩水盆地内，涩水溪和桃米溪贯穿其间，湿度较高，最宜生产茶叶。早在日据时期，日本人引进阿萨姆红茶大叶品种，一时间成为与锡兰红茶、大吉岭红茶平分秋色的红茶珍品。后因价格无法提升，村民大多改种槟榔，9·21地震后，村民再造家园，寻回逐渐被遗忘的"涩水皇茶"，经过配种及58次研发改良，生产出质感超好的"台茶18号"，又称台湾红玉。以台湾红玉为原料制成的红茶凤梨酥、红茶牛轧糖等也是全台独一无二的好滋味，令人难忘。

依托得天独厚的白仙粘土发展而成的制陶工艺也是当地特色，更为突出的是陶艺与红茶结合而成的"红茶浴"，在涩水传统烧制的大陶缸内，加入木柴烧出的热水，备上红茶包，游客可在香气四溢中泡个热腾腾的红茶澡，感受每个毛孔的舒坦。

◎来到涩水小区，别忘了来杯有名的涩水红茶

图文台湾
荷上锄头钓竿去旅行——台湾休闲农渔业掠影

5. 坐饮茶香——鹿野乡永安社区

走到花东纵谷，放眼望去，稻田绵延，一片翠绿总让人有远离尘嚣的感觉，偶尔空中可见悠游飞翔的飞翔伞，空气中更弥漫着阵阵茶香，这里就是台东县鹿野乡永安社区。

山中传奇，东台湾最大的茶乡。早在1960年代，永安便转型为茶园，开始种植小叶种茶，乌龙茶、金萱茶等陆续引进鹿野。1980年代初，永安茶叶便以"福鹿茶"行销，逐渐发展成为台湾东部最大的茶乡。社区农民有一半以上从事与福鹿茶生产相关的行业，当地生活与茶息息相关，不可分割，茶产业逐渐为永安造就了强大生命力。2005年，福鹿茶赢得台湾总冠军茶，一时名震台湾。相信鹿野一望无际的茶园、一年四季飘溢的茶香、淳朴的农村生活、热情好客的乡人，都会给游客留下深刻的印象。

体验飞行伞，遨游新天地。花东纵谷往南走，在接近台东时，天空会突然开起一朵朵五颜六色的伞花，有经验的人，不用别人介绍，就知道已经抵达台东县鹿野乡。高台飞行伞运动是台东最具吸引力的休闲运动，更由于飞行伞运动是岛内新兴的休闲运动，因此每逢节假日，鹿野高台均吸引许多体验飞行的游客。每年4月至9月是最适合飞行的季节，为了满足每个人想飞的欲望，台湾飞行运动协会积极培训飞行教练，投入双人伞空中载飞的体验，无论你有无飞行伞的经验和技术，都可以在教练的带领下，凌空飞翔，那种征服地心引力，在阳

◎鹿野乡永安社区服务中心

◎鹿野乡永安社区随风飞翔的飞行伞

— 56 —

光下飞行的快感，只有亲身体会的人才能得知。

绿树成荫，永安美景。飞行伞和福鹿冠军茶虽然出名，但是到永安同样要饱览当地美景才能尽兴。永安公路于台湾光复前通车，当时两旁植满樟树、木麻黄等，如今一甲子已过，树木参天葱葱郁郁，形成一段数公里长的绿色隧道，散发着山林特有的芬多精及淡雅香气。在台湾省道截弯取直之后，车流量减少，武陵绿色隧道成了休闲漫步的好地方，在此漫步或骑车，悠游这条迷人的绿色公路，绝对能让人忘却世俗的烦恼。

进阿美部落，感受别样文化传承。永昌为阿美部落，隶属于鹿野乡永安村。早年阿美人称此地为Reket，因昔日的社址附近有一条无名溪，遇雨则水涨，雨停则水枯，因水干的阿美语为Reket，故得此社名。1935年，阿美人举部迁移至此，部落棋盘式分布，道路规划整齐，每户占地面积为990平方米，并在道路两侧种植茄苳树，今进入部落可见高耸的绿树已成荫。

6. 当咖啡遇上文学——古坑华山村

古坑华山素有"云林阳明山"的雅称，是台湾咖啡的原乡，也是台湾咖啡再生的摇篮。古坑华山咖啡飘香近百年，咖啡文化在时间的发酵下，更加甘醇。到华山，举目可见欣欣向荣的咖啡树，随着时节变换，或是盛开的朵朵白花，或是结满整树的青绿和鲜红欲滴的咖啡果，散发着阵阵迷人咖啡香。华山人对咖啡的喜爱深入骨髓，即便是民宿或庭院中，也常见咖啡树摇曳的身影，而华山人对咖啡的执著，因爱成痴，几近固执。华山咖啡所用的咖啡豆均大多为自己种植，从栽培、采果到烘焙，都用心精研，滴滴香浓，让人备感放松。

华山咖啡闻名台湾，同时华山的自然生态、山林景观、步道之美，也都不容错过。登华山之巅，可见苍天之阔，周

◎古坑华山咖啡厅

图文台湾

荷上锄头钓竿去旅行——台湾休闲农渔业掠影

◎华山村朦胧美的文学步道

◎照门地区陈家农场

边群山叠翠,秀丽出尘。探访其林,深谷、溪流、峭壁、山岚以及茶园竹林,伴君前后左右,令人心旷神怡。华山景色优美,气候宜人,动植物生物也十分活跃。沿着华山溪或华山十多条步道而行,处处可见到马缨丹、刺梅、鸢尾花、曼陀罗、野牡丹争奇斗艳。如晚上登高望远,华丽的灯海更让人流连忘返。

华山人文艺术同样也一直为人所称道,陶艺大师的创作和陶艺教室会让外乡的你一饱眼福。在长达600多米的文学步道,沿途两侧矗立12块雕刻着云林县籍知名作家手稿作品的大石,与自然山川景观相呼应,人文与自然的结合,浑然一体,更添华山文学气息与知性风情。在这里不仅可以品尝到古坑咖啡,藉由漫步文学步道,还能品味云林文学之美,让人细细玩味"当咖啡遇上文学"的意境。

7. 蝶飞蜂舞水果甜,入秋时分柿饼香——新埔镇照门地区

新竹县新埔镇照门地区于1991年由水土保持局开始规划建设,并通过提供民众最佳便民服务,推动当地观光休闲农业发展。在向休闲农业转型中,当地居民也表现得非常主动,积极认护小区内公共设施,负责周围环境的维护与改善,以此营造出优质清洁的环境供游客旅游休憩。此外,当地民众还志愿担任导游,为游客提供高质量解说服务。在上下齐心的努力下,每逢假日便有大量人潮涌进照门,为当地带来亿元新台币的商机,照门也于2001年

度获评选为"农村新风貌计划"项下的示范区。

在后工业化时代，青年壮丁离开家乡，在他方谋生，一时间，安静的村落被这个世界遗忘了。后来，富丽农村计划在这里推展，改善道路，整治生态化野溪，设置灌溉设施，处理崩塌裸露地块，修建停车场、步道、观景台、公厕等公共设施。在小区居民的共同努力下，原先封闭的农村转型为开放富裕的休闲农庄，不但缩短了城乡发展差距，也成为更美丽且具有活力的休闲景点。废弃的果园变成景观餐厅或成为生态教育园区，蜿蜒的山脊铺设出风光明媚的登山步道，让游客漫步其中；荒芜的农塘改建成园艺造景池塘；着重居住功能的房舍变为各具特色与休闲风的人文建筑。

◎九福步道路口

这里按照原始的聚落分布，铺设枕木成方便行走的山径，让原本雨后难行成为四通八达。园区内主要的休闲步道有：观南步道、霁月步道、九福步道等，每当油桐花季，桐花飘落如皑皑白雪，伴着夏日蝉鸣，沿着步道行走，一场心灵的飨宴嫣然开始。

区内花木扶疏，蝴蝶翩翩飞舞在家的四周，绿头鸭悠游池中。独角仙复育成功，是照门地区生态环境保育工作最大的收获。而且不单单是物种，其赖以为生的环境也得到保护。照门地区也于2005年首度举办"舞蝴乱花"生态节，并受到参观民众的积极回应。2006年，照门地区再度推出"九芎湖两只蝶儿生态艺术节"，其目的是，藉由此次活动把照门地区的生态环境特色与主题式农场相结合，彰显当地农村特色。

8. 金色果海，乳香飘飘——通霄镇福兴社区

福兴小区位于苗栗县通霄镇东南方，主要包含福兴、南和、城南、城北、圳头里5个里，小区发展以富丽农村、农牧体验、客庄风光、休闲旅游为主轴，并突显"三生"一体精神。在农业生产方面，农特产品以精致化、多元

- 59 -

图文台湾

荷上锄头钓竿去旅行——台湾休闲农渔业掠影

化为主；在农村生活方面，强调当地生活趣味化、艺术化；在环境生态方面，宣扬生态资源多样化、教育化等理念。此外，在台湾水保局的辅导下，通霄、三义、苑里等相邻地区结合一起发展，成为提供民众农牧体验、访古寻幽、生态旅游、休闲健身、沉淀心灵的园区。

为让游客体验宁静悠闲的农村生活，福兴社区规划了金田农场、飞萤农庄、绿茵农场及如意园民宿等；为让游客感受大自然山、海、花卉的景色，福兴社区开辟了建民农场、永兴农场、马林坑花卉园区。广大园区拥有多样的植物生态，为避免破坏原有的生态环境，社区村民更是用心栽培一花一草。每到花季，花海争艳，美丽无比。除了生态景观外，福兴社区还开发了挑盐古道、黄家古厝及惜字亭等当地重要的文化资源。每个景点都仿佛述说着悠久的历史及历经的沧桑，却又不失风韵犹存的面貌。

优质的自然环境条件，造就了优势的整体环境，福兴社区也吸引了许多从事艺术创作的陶艺工作者前来长驻，并成立工作室，丰富了当地人文艺术氛围。来到醉陶工作室、典藏小品及圳头窑艺博物馆，可以与艺术对话、感受人文气息，更可以到上田咖啡馆了解咖啡的栽种、采收、烘焙等过程，品尝各种产地的咖啡的不同风味。福兴社区原本就以休闲旅游为发展重点，获选"十大经典农渔村"后，涌进大量参访及休闲旅游的人潮，

◎福兴挑盐古道指示牌

◎福兴古厝

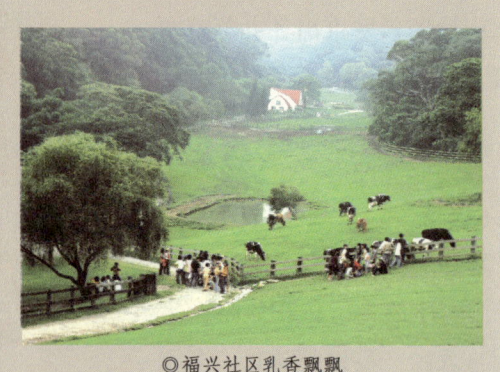

◎福兴社区乳香飘飘

使小区更快更好地展翅翱翔。社区也将结合艺术、美景、金果、乳香，呈现多元化的休闲风貌及朴实的文化特色，让游客体验高规格的农村休闲！

9. 纵谷山水秀——光复乡马太鞍小区

花莲县光复乡的马太鞍小区是一个具有特殊地理环境与人文素养的高山族聚落，它的沼泽地形不但为多种特色植物提供了成长环境，而且孕育了充满生活智慧的高山族文化。此外，小区还具有民风纯朴、族群凝聚力强、休闲资源丰富等优质兴业条件。阿美人是台湾高山族中人数最多的族群，而马太鞍小区又是阿美人聚集最多的一个部落；因此，选择马太鞍小区作为推动小区小企业辅导的示范点，对平衡城乡发展而言，有着指标性的意义。

辅导团队进驻马太鞍小区后，开始规划几个重要的经营方针：如欣绿农园，以有机农业为主轴来经营；对红瓦屋，则辅以高山族的精致美食来衬托；至于拉蓝的家，则走团体旅游餐厅的形式，让游客在游玩之余可享用美食。在马太鞍小区，每个餐厅都有自己的主题特色，例如马太鞍驿站提供相当于套餐式的精致美食，美食充满着马太鞍的野菜原味，餐厅的装潢也突显了阿美风情。目前，各餐厅正逐渐推出知性解说，让客人在用餐时有"知识与美感的双重享受"，如红瓦屋餐厅推出"阿美文物"的解说、剑柔山庄提供"民族植物"的解说、欣绿农园则推出"有机、健康概念植物"的解说、拉蓝的家推出"阿美传统故事"的解说。这样的"食堂"，就变成了一个个"知识传播的平台"，并可无限地延伸其"价值空间"。

过去在马太鞍，只有农园提供六个房间供住宿。目前欣绿农园民宿不但环境装潢得

◎欣绿农园餐厅门前

◎马太鞍湿地生态馆

图文台湾

荷上锄头钓竿去旅行——台湾休闲农渔业掠影

◎马太鞍社区的巴拉告生态捕鱼法，巴拉告意指营造让鱼栖息的池塘

更优雅，餐饮调整得更讨喜，客房内装设冷气机、洗衣机，而且民宿附近还建有生态教育馆。再从马太鞍现在可供住宿的民宿的量来看，仅欣绿农园一家，房间数就从几间增至十几间；此外，也有更多旅社、民宿纷纷成立，目前整个小区已有9家民宿，若加上互助储蓄社及马太鞍驿站，则小区比以前可多提供60个以上的床位。经过短短四年的发展，整个小区呈现出经济繁荣、民宿消费市场成倍增长等景象。住宿有了着落的游客，拉长了游玩的时间，消费形态也更为丰富，这促成小区走多样化经营的路线，如推出木雕参访、美食体验、生态教学、优质民宿、租车导览等。

以前马太鞍小区仅靠一条台九线与外县市联络，而且火车也常因气候因素停驶，现在因航空旅游的观念渐渐普遍，小区开通了台北至花莲的航线，航程只要短短25分钟。加上租车业兴盛，目前，外地游客可乘坐飞机、火车或汽车随时前往，尤其北宜高速公路通车以后，台北到花莲各地区的车程将大幅缩短。便利的交通使未来马太鞍的发展，既不会受公路塞车的限制，也不再受铁路中断的威胁。

四年来，马太鞍小区居民不只接受台湾"经济部中小企业处"的辅导，增加了经营知识，具备了规划能力的他们，也会向其它政府机构争取资源。在台湾各主管单位的协助下，马太鞍大大丰富了知性旅游的软硬件环境，如增设文化产业推广中心，湿地有文物馆、生态教育馆、木雕工作坊，学校开设木雕、陶艺教育课程，在马太鞍文史工作室设有大舞台、木雕教学区、巴拉告示范区，以及各条步道沿路所看到的教育广告牌等。

小区居民在一块广达十多公顷、荒芜空旷且杂草丛生的废墟上，精心规划，大量栽植太阳麻，让废墟变成了全世界最大的绿色迷宫。绿色迷宫每年吸引数十万探险者涌入，这不仅带给迷宫上百万元新台币的门票收入，还为马太鞍当地商家带来上千万元新台币的营业收入。

（三）台湾主要休闲农业园区

休闲农业园区与休闲农庄的区别在于前者比后者区域范围更大，这种区别如同点和区块，农渔村是点，休闲农业园区是区块。当前，台湾已划定48个休闲农业园区，本节则挑选几个主要休闲农业园区进行介绍。

1. 冬山柚茶，中山飘香——冬山乡中山休闲农业区

宜兰县冬山乡中山休闲农业区位于冬山河上游，规划面积806公顷，行政区域以中山村为主体。特殊的地层造成大量涌泉和伏流，让中山休闲农业区拥有两座瀑布及地下水库，天然的水资源涵养出独一无二的自然生态，农业区以种植果树及茶树为主。休闲区因区内多数的山坡地均为保护林地，水土保持非常完整，是宜兰县境内最好的生态旅游场所。

冬山乡一带雨水充沛，湿度充足，为茶树提供了最佳的生长环境，各茶区晨雾笼罩、遇寒霜而不害，生产的茶叶质感柔嫩、气味芬芳、不苦不涩，甘醇耐泡，是茶中上品。近几年由于休闲农业的发展，冬山茶农纷纷投入到休闲经营的行列，除了让游客品茗，还提供采茶、制茶、茶冻、茶焗蛋等体验活动及民宿服务，游客可循着设置在分岔路口的指示标志找到农场与民宿，在休闲农业区内亦可以搭乘环保的亲子游园车，迎着阵阵扑鼻的茶香，环视道路两旁绿油油的茶园，享受难得的休闲活动和生活体验。园区内香格里拉休闲农场算是台湾休闲农场的先驱，打陀螺、放天灯、捞泡泡，似乎

◎冬山乡中山休闲农业区的导览牌

图文台湾

荷上锄头钓竿去旅行——台湾休闲农渔业掠影

◎冬山乡中山茶区一景

◎冬山乡中山休闲农业区放牛吃草景观

已经成了农场的代名词，三富花园农场则是以生态为主要特色，其它像园茗绿、大和、馨山、绿野仙踪、明星等茶园也皆是园区内农业旅游的好去处。

早期的新旧寮溪常因一场大雨就洪泛成灾，经多年整治后，洪患不再，然而溪床牧草生长快速，常阻碍水流通畅，于是农业区想出了一个即解决问题又不破坏生态的三赢方法"放牛吃草"，省钱、景观、生态。这一构想不但使水流通畅，更重要的是，河床里花草变多了，萤火虫出现了，白鹭鸶也来了。此外，农业区还赋予了新旧寮溪教育与休闲的功能，目前新旧寮溪已成为学生户外教学的场所，同时也是游客进行生态之旅必到的地方。

"仁者乐山，智者乐水"，"仁山植物园"取其意而得名，园区内拥有宜兰最大的园艺苗圃，还有供游客游行的仁山步道。仁山步道的入口有两处：一个是阶梯步道入口，位于中山村唯一的幼儿园旁边，如果想挑战下自己的足下功夫，建议选择此路线；另一个是公路步道入口，坡度平缓舒畅，宽敞易行。前者有如进入亚热带森林，后者沿途则感受茶园辽阔、桂花飘香、油桐花雨、樟树成林等景色。

而仁山苗圃为中继站，苗圃不但设有菊花、雪茄花、玛格丽特、棋盘脚、中草药植物展示区以及竹林区，还设有简单的餐饮及品茗区，在视野极佳的瞭望台四顾，丸山遗址、兰阳平原、冬山河及太平洋尽在眼底，如果天气晴朗，甚至可以看到龟山岛，林木蓊郁。夏季，这里还有蝉鸣鸟叫，春夏交际的夜晚，还能看到漂浮在天空中的火金姑及独角仙。

继续上行还会经过仁山植物园的两大园艺造景，分别为东方庭园植物展示区和西方庭园展示区。前者包括中国传统庭院式的艾园、日式风格的岚园及樱木花道。艾园的仿唐建筑、各领风骚的亭台楼阁、独具风骨的梅竹兰菊，无不是中国书画中的景致；岚园则有小桥流水、石凳、瀑布等自然景致；樱花盛开时的樱木花道则有另一番景象，其壮观美丽超乎想象。西方庭园则包括伊莉莎花园和法兰西花园，点缀以缤纷花卉，营造出英国庭园及法国宫廷花园的气氛。

仁山步道还可通往新寮瀑布。新寮瀑布高30米，宽5米，与旧寮瀑布相比，飞瀑自山崖奔腾而下，气势更为恢宏磅礴，瀑水欢歌，飞珠溅玉，脸上手上都是沁人心脾的冰凉水丝，环顾周遭，各种远古的蕨类自然生长，让人感到时空交错，心生不知今夕是何年之感。

农业区内种植文旦柚220公顷，年产量8000吨。文旦柚属中乔木，树形开张，叶片巨大，新梢幼叶带有软毛，白色花瓣中带有浅绿色的斑点，淡淡清香充满整个园区。除了文旦柚外，园区还种植了多种水果，当游客沿着果园步道漫步时，经常会有意想不到的画面出现在眼前，无论是在春天的早晨、夏日的夜晚、秋天的黄昏，还是冬季的午后，园区都是生态体验的好去处。

来到中山村一定不可错过山产料理，无论茶餐、山中野菜、药膳补品，还是土鸡、蔬菜、清溪鲜鱼等，都是道道美味佳肴，令人垂涎三尺。此外，中山休闲农业区还推出各样的套装行程，可让游人有多种选择，并拥有充实愉快的休闲农业体验。全部行程包含铁马园区遨游、采茶品茗游、茶月饼制作体验、特色午餐等，游客可以依自己的需求选择喜欢的套装旅游活动，进行一趟享受休闲、体验幸福的优质旅游。

2. 怀旧小镇，纯朴风光——集集休闲农业区

集集一词的由来可谓众说不一，昔日的水沙连部落有一个社为"Chip-Chip社"，其音译为集集；另一说法来自文献记载，"水沙连，集集业社名为南港"；但也有学者认为集集应当是聚

◎集集小镇的绿色隧道

图文台湾

荷上锄头钓竿去旅行——台湾休闲农渔业掠影

◎集集火车站

◎集集火车票饼

集，取"四方来聚，重商云集"之意，因为先前散居各地的居民将各自农作物聚集于此，以物易物交换生活所需。

集集是南投县一个古老、纯朴的农村小镇，村民多以务农为主。在台湾，集集古镇凭着珍贵的历史古迹、浓厚的人文气息、优美的自然生态、丰富的农村特产和纯朴民风，展露无限迷人的风采。集集休闲农业区的规划是以小镇为中心，向四周辐射延伸，规划面积148.7公顷。集集休闲农业区是目前集集镇农业生产及休闲产业经营最密集的区域。

因为气候及水土得天独厚，且管理得法，园区生产出来的山蕉独具风味，全年生产的山蕉已成为集集镇最具代表的农特产品，据说在日据时期已是专供日本天皇品尝的贡品。果核小如糯米的糯米荔枝果实鲜艳、滋味甜美，在每年六七月份来这里品尝下糯米荔枝，不失为一明智选择。集集镇的番石榴种植在浊水溪河床肥沃的沙质土壤上，有机含量高，果实脆而有劲，口感绝佳。因气候和浊水溪肥沃的黑土壤，集集镇的巨峰葡萄风味也与众不同，色泽紫黑，大而多汁，甜而清香，果实中富含多种营养元素。火龙果是集集镇居民新近引进的品种，其果实鲜艳欲滴，营养价值高，甜度色泽均佳，兼具观赏价值，且其花蕊经过烹调后会成为一道佳肴。

徜徉在园区内，感受满眼的绿色林木，沐浴着温暖舒适的阳光，细嗅高大樟树散发出的自然气味，慵懒的身心瞬间获得解放，这种感觉非亲身体会，难以形容。

和风山寨位于集集绿色隧道的终点，是一极具特色的农业休憩园区，区内特别规划一个宽敞充满绿意的空间，拥有丰富的台湾特有的动植物生态，并设置温室农场，栽培圣女果，供游客自行采摘并进行西红柿汁制作体验，尽情享受田园活动体验的乐趣。

集集大樟树旁的和平花园，在当地农民细心规划及管理下已成为这里特有的游憩地点。走在木栈道上，两侧缤纷的波斯菊花海，水车、风车、人造小河的潺潺流水全都映入眼帘，你会觉得不虚此行。

集集屯田玫瑰园的玫瑰花种植面积达4公顷，品种以黛安娜、新香槟、东方之星、比浪卡、翡翠白五种为主，全年采收。园区不仅可以给你美的邂逅，还提供玫瑰花生长过程的教育解说以及玫瑰切花等体验活动，是值得参访的好地方。

愚农花园在集集小镇绿色隧道终点的"十三目仔窑"旁，由它的小径进入，首先映入眼帘的是一片广阔的向日葵花田，眺望远方，即是巍峨耸立的集集大山。愚农花田周边风景秀丽，空气清新，展现纯朴而充满人情味的田园风光。愚农花田种植的向日葵品系多样，专业的农场主人除了提供向日葵采摘体验及五色鸟的生态教育解说外，还提供招牌饮料——散发着淡淡幽香的野姜花小麦草汁、洛神花茶点、桑葚汁，是集集休闲农业区好吃好喝好玩又具教育意义的地方。

一到集集火车站旁，游客都会感受到阵阵浓郁、香甜的香蕉味道扑面而来。从事糕饼工作20余年的师傅，结合集集的山蕉及铁道文化，首创全台红糖香蕉酥等7种口味火车票饼，口味独特，现又开发出金焦桂圆膏、御用金焦蛋糕等，颇受消费者好评，成为来集集旅游的游客馈赠亲友的最佳伴手礼。

集集休闲农业区除了生产丰富的各式农特产品外，更兼具古迹、产业、文化等丰富内涵，再搭配得天独厚的自然景观，以"花与绿"作为农业区主题营造特色，打造美丽的农业休闲景观小镇，提供人民休闲游憩体验的场所。

图文台湾
荷上锄头钓竿去旅行——台湾休闲农渔业掠影

3. 物产丰富，文化多元——南庄休闲农业区

南庄休闲农业区位于苗栗县的东北部。南庄乡地处山区，是苗栗县较为偏远的乡镇。南庄乡堪称苗栗独具特色的地方，境内高山河流具备，物产丰富，桂竹笋、香菇、鳟鱼号称南庄乡三大特产。依山傍水，风景秀丽迷人，再加上多元化的农产品及花卉，南庄乡拥有得天独厚的自然资源，此外，境内族群繁多，包括客家、泰雅、赛夏，丰富的人文色彩，使得该乡的休闲农业独具一格。

◎矮灵祭活动中的部分舞蹈

◎南庄民宿凤樱碧山庄

区内的狮头山，因外形像狮子头而得名，山南陡峭壁立，为与新竹县的县界，是台湾省三大佛教圣地之一，亦曾列为台湾十二名胜之一。山区视野极佳，古木参天，是避暑胜地。至此登山，暮鼓晨钟、青山绿树，一身尘埃尽数涤净，是平日养身修性的最佳去处。

向天湖，又称仰天湖，周边居住着20余户赛夏人。赛夏人每两年举行一小祭，10年举行一大祭的巴斯达隘（即矮灵祭），属于赛夏人南祭团，吸引了许多中外人士上山观礼。举行矮灵祭须通宵达旦，游客可由此一窥少数民族文化的神秘庄严。

大多数的泰雅人散居在鹿场，鹿场是苗栗县最偏远的高山地区。据泰雅先民说，该山区昔日经常出现鹿或其它野兽，但以鹿居多，遂取名为鹿场。鹿场是通往加里山的必经之地，近年登山及休闲旅游人数增加，当地农民纷纷经营民宿、餐厅、咖啡店、农场等，遂增加了鹿场旅游的魅力。

南庄乡鳟鱼闻名台湾，每年当地都会举办大型的"鳟鱼节"，以吸引四方宾客。而养鳟鱼又附产了许多独角仙、溪哥及其它溪鱼，生态资源丰富。园区除提供专人导游、游客咨询服务外，还在各景点设立10面解说牌，游客驻足欣赏时，便可了解昆虫及鱼类的生态情况，以弥补解说的不足。

一叶兰为南庄特有花卉之一，远销日本及欧美等地。一叶兰生态农场位于鹿场加里山海拔1250米处，云雾缭绕、林木苍郁、景色宜人，为发展休闲农业最佳地点。金花石蒜亦为南庄乡所特有的外销花卉，她们就像林间整齐的女兵，既英姿飒爽，又婀娜多姿。园区除盛产多种花卉外，桂竹笋、香菇、红肉李、水蜜桃、高接梨、凤梨、释迦、甜柿、火龙果、柑橘、杨桃、木瓜等在此地也随处可见，一年四季，均有花可赏，有果可采，有美味可供品尝。

鹿场、蓬莱等地设舞蹈场提供赛夏、泰雅人假日舞蹈表演。相信曼妙多姿的高山族舞蹈肯定会让游客大开眼界。此外，高山族还提供织布解说，让你更深入地了解他们的日常生活。

休闲农业区近年经营良好，吸引人数逐渐增多，但是南庄乡十分珍惜这块净土，十分重视水土的保持。为此园区内特设生态护鱼区，设立护鱼巡守队，目前河流内溪鱼成群，令人感动。蓬莱封溪护鱼计划，已有相当的成效，社区护鱼所走的蓬莱溪沿线步道，竟成了热门景

◎蓬莱溪自然生态区里的护鱼步道

图文台湾
荷上锄头钓竿去旅行——台湾休闲农渔业掠影

点——护鱼生态区。

4. 茶乡竹韵，莹游鹿谷——鹿谷乡休闲农业区

鹿谷乡的美，除了溪头森林游乐区、凤凰谷天然鸟园及冻顶茶园的外在美景之外，它还蕴含着相当丰富的内在美。"鹿谷本是桃源境，千径幽篁万壑松。敛然十里香雪海，人在山水画图中。"这是诗人段剑岷对鹿谷乡瑰丽的赞叹。

随着岁月的变迁及长期的文化滋养，鹿谷乡的休闲农业已日趋成熟。打从1991年起，鹿谷乡就开始为休闲农业作准备，1992年推动修缮三合院古厝成民宿工程，并着手培训导览解说员。当台湾《农业发展条例》正式立法并修改通过农委会可经营旅游事业时，鹿谷乡农委会毅然于2001年5月成立台湾第一家农村休闲旅游部。新事业新气象总是有种欣欣向荣的感觉，但休闲旅游部成立第二年，台湾就受到桃芝台风无情的洗礼，中部地区所有山区的观光业都受到严重的打击。不过鹿谷乡于2002年接办农委会一乡一休闲的计划，精心策划"茶香竹韵"套装旅游，推出内容非常精彩的休闲游览活动。

漫步在鹿谷乡休闲农业区的孟宗竹林中，可以倾听竹子迎风摇曳的婆娑声，浸淋大自然的音符，感受清新脱俗的气质。走到竹林隧道尽头，赫然发现柳暗花明又一村，天鹅湖茶花园就在眼前，在冬春之际雾气笼罩，颇有遗世独

◎鹿谷乡休闲农业区孟宗竹林步道

◎鹿谷乡休闲农业区林爽文古战场

立的山林气质,千百种山茶花争奇斗艳在此尽展风华,茶花园的主人为了一展乡下的热情,会以别开生面的竹筒礼炮作为迎宾仪式。在这青山绿水的村落,由于每一道佳肴都是现场用竹筒野炊出来的,所以乡土野味十足,且特别香甜可口。

来到鹿谷而没到鹿谷乡农会茶业中心走一趟,就像没来过鹿谷乡,没感受到茶叶文化气息一般令人遗憾。鹿谷农会茶业中心位于鹿谷乡主要内、外环道路交接口附近,是一栋相当有品位及内涵的宫廷式建筑。为了使游客的休闲农业旅行能成为真正知性和感性之旅,中心内设有:简报厅、茶艺教室、茶业文化馆、农村文物馆、农民活动中心。外围有健康步道、活动广场、茶曲亭,其中茶曲亭设有自助品茗区,远山近水、鸟语花香、潺潺流水、舒适幽雅,是谈心品茗的最佳去处。

冻顶山是冻顶乌龙茶的故乡,也是海内外人士慕名已久的寻幽之地,其海拔750米,气候凉爽,终年云雾缭绕,是生产高级优良茶的地方。从山上鸟瞰,整个茶乡煞是美丽,早晚均有着不同的景致。"一家炒茶全山香",在制茶的季节,整个冻顶山弥漫着浓浓的茶香。鹿鼎庄还为全家游提供陶艺制作体验活动,让游客自由创作并培养亲子关系。

"茶与音乐"是鹿谷茶乡文化的精髓,基本上是依各种茶的特性,用不同的音乐来配合,让参与者的心境随着旋律的起伏、回转、哀怨、凄凉、欢乐、刚强而有所感动,使品饮的那口茶更富有茶味及人性。只要用心体会,专心品茶,便会有如置身于世外桃源、人间仙境般的意境。

◎鹿谷乡休闲农业区"茶与音乐"文化的具体体现

休闲农业重要的是能够体验当地的文化特色,鹿谷乡推出相当自然的"趣味评茶"体验,考验游客评茶的功力,且是游客学习如何鉴别茶叶的最佳机会。体验活动首先由指导员现场解说如何品评,接着将5种不同的

图文台湾

茶泡成10桶，由游客来连连看，将相同的两样茶配成对，趣味十足，真正达到寓教于乐的效果。"竹童玩——竹编制作"是由指导老师引导参加人员制作竹蚕及竹灯笼的活动，它让游客有仿佛回到童年般的兴味。"制茶体验"从采茶、日光萎凋、浪菁、炒茶、揉捻到烘焙，游客可以一展身手，体验制茶个中滋味，也分享自己辛苦的成果。

为了使休闲农业的套装旅游更趋完善，园区设有休憩中心，包含小木屋及竹屋，屋旁小桥流水诗情画意。从4月到6月的夜晚，一闪一闪亮晶晶的萤火虫满山遍野，带游客走入梦乡，犹如进入美丽的童话世界般。鹿谷乡的美除了上述各项体验活动之外，还有凤凰谷天然鸟园生态之旅、溪头游乐区森林浴，经由解说义工清楚且感性的一一介绍，园区的休闲农业便多了一份教育的意味。到了冬季，竹笋寻宝也是鹿谷乡一项宝贵的生态旅游资源，由于冬笋生长在地底下，不是行家是不容易找到的，因此当发现竹笋时的惊喜会让游客震撼不已、终身难忘的。

此外，鹿谷乡可参观、体验的景点还很多，如河川鱼虾保护区及山芹菜、优质米、冻顶茶、冬笋等农特产区，以及正在兴建的拦河堰景观休憩区等。

5. 极地荒野，妆点新貌——左镇乡光荣休闲农业区

◎大象地标

台南县左镇乡土地总面积为7490公顷，耕地面积1531公顷，属于传统农村小区，无工业烟囱及废水污染，人口组成以60岁以上老人居多，总人口数近六千人。但左镇乡又是一个很特殊的地方，最高海拔不到四百米，却地无三里平，加上奇特的险地景观、刺竹林、平埔文化及化石等，便有了与众不同的特色文化产业。少量多样的作物、特有的地质，造就出特有的口味，小而美、小而雅可谓是左镇乡的特色。台湾农委会通过将原本不利于商业发展的恶地及自然景观与特殊的文化相结合，推动

左镇乡农业朝休闲农业转型，左镇乡光荣休闲农业区便应运而生。

看到"大象地标"就知道来到了光荣休闲农业区，此地标彰显了左镇乡的重要特色——化石（大象）、平埔人（大象上的平埔妇女）、月世界（大象后方的山）、本乡当地特产（香蕉、破布子及芒果）及菜寮溪（地标基座周围的小草）等，后方还有着绿化的拱形布置。左镇是平埔人的故乡，大象地标上的平埔妇女身穿半腰短上衣，头绑平埔束头巾，胸前绑抱褓褓婴儿，象征平埔母系文化艰苦奋斗的特色。左镇乡草山月世界，外表荒凉，且土壤含盐分高，草木难以生存，当地人称之为恶地，因其外表有如月球表面，又称之为月世界。大象地标代表左镇乡重要的精神指标，地标题有极富涵义的"缅菜寮溪漱石风光岁月，暨白垩产业展现生机"字样，缅怀菜寮溪所出产的化石曾给左镇乡带来的风光岁月。

社区内最有名的就属菜寮化石馆。贯穿全乡的菜寮溪，是化石出土的宝地，种类包括海相、陆相等，数量繁多，其中以发现的左镇人头骨化石和一头完整的犀牛化石最为著名。据说，早先时期，当地素有化石爷爷之称的陈春木先生在菜寮溪发现了几个奇怪的骨头，就请教当时的左镇小学的校长，再经由校长转寄给台大地质系教授早阪一郎博士鉴定，最后确定为古生物化石，虽然经过有点周折，但这是左镇乡第一次发现化石。65年后，大家陆续捡了很多化石，并在当时光荣小学校长的支持下，利用教室成立乡土文物陈列室。现在，馆内陈列着当地出土的化石，包含那头完整的犀牛，另外还有猛犸象、剑齿象、鹿、鳄鱼、贝类等化石。

◎左镇乡菜寮化石馆

菜寮化石馆旁是自然史教育馆，馆内陈列着西拉雅人文物以及陈春木先生的文物。

◎左镇乡自然史教育馆

图文台湾

荷上锄头钓竿去旅行——台湾休闲农渔业掠影

◎关山旧火车站

◎关山镇亲水公园

◎关山镇12公里的环镇自行车专用道

三百多年来，台南地区平埔人几乎已完全汉化，唯一留存的习俗是祀壶文化，他们以壶代表神明，俗称太祖，不烧香，不烧金纸，以槟榔、烟、酒祭拜；另外，自然史教育馆还与台湾博物馆合作，常态展出台湾博物馆的文物。

近年来，当地观光农业的发展已近成熟，游客坐在咖啡园里喝咖啡，不仅可看到咖啡树，还可看到咖啡的烘焙过程。此外，游客还可以去火龙果林体验采火龙果的乐趣。悠游于卧龙岗、藏虎坡、玉女峰、彩竹林之间，由高处远眺，过着远离尘嚣、纯朴恬静生活的农家坐落于山谷间，恍如世外桃源。

6. 关山亲水，米香飘飘——亲水休闲农业区

台东县关山镇位于台东县的北方，南接鹿野乡，北邻池上乡，介于中央山脉与海岸山脉间狭长而平直的花东纵谷上，东西宽9公里，南北长11.5公里，总面积5873.51公顷。关山镇人口约为11000人，居民除高山族外，尚有闽南人、客家人、外省人等，且多由台湾西部迁徙而来，族群多元但彼此相处融洽；居民信仰自由，以佛、道教者居多，次为基督教、天主教，目前镇内共有寺庙5座、基督教会6会、天主堂2所。交通方便通达全省，火车有环岛铁路关山站，公路有台9线（花东公路331.3公里）北到花莲南到台东，台20线（南横公路出口）西到台南。或搭飞机至台东丰年机场转火车或出租车到关山。关山镇位于北回归线以

南，属热带季风型气候，年均温24℃左右且全年气温变化不大，四季划分不甚显著，降雨量以夏季较多，全年约1900毫米。关山镇以农业为主要的产业，所产的关山米远近驰名，其它农作物如香丁、水蜜桃、高接梨、酪梨、百香果、蔬菜、梅子、爱玉子、小米、茶叶等皆为高质量的农产品。镇内街道整齐，公共设施完善，是一处拥有好山、好水、好空气，适合常住和休闲的好地方。

以环保概念设计的关山镇亲水休闲农业区，是以关山镇著名的亲水公园、12公里的环镇自行车专用道为基础，占地20余公顷。农业区的范围就像是一个甜甜圈的形状，环绕关山镇形成亲水休闲农业区。亲水休闲农业区分为动态园区、静态园区及莲花池三大主题，还有人行步道及自行车车道互相串连，区内的艺丰香草园、竹轩工艺坊（竹艺教室）、亲山农园、蜂之飨宴（蜜蜂生态园区），就像是珍珠项链上串了四颗珍珠，在引入来自中央山脉高山天然纯净的新武吕溪溪水形成开阔湖面的映照下，关山镇的好山好水更加令人心动。

为展现关山镇丰富的自然和人文景观，关山镇亲水休闲农场推出许多别具风格的休闲农业体验活动，有环镇之旅、竹林寻幽、竹艺创作、一日农夫、制米体验、赏花采果，以及香皂、干果饰品、米食、三维立体艺术彩绘、蜂蜡蜡烛等动手制作项目，丰富游客的行囊，人人尽兴并满载而归。此外，关山镇亲水休闲农场提供许多关山农特产品，有关山好米礼盒、蜂蜜系列产品、关山小米系列产品、茶叶产品、金线莲、关山珍猪、水蜜桃、百香果、高接梨、香丁、爱玉子、牛轧糖等，都是极佳的伴手礼。住宿方面，关山镇有国际级的观光饭店，有许多各具风格的民宿，旅客可以有多样化的选择，完全没有后顾之忧。

环镇自行车道分为亲水段和亲山段。亲水段沿溪而

◎关山艺丰香草园

图文台湾

荷上锄头钓竿去旅行——台湾休闲农渔业掠影

◎关山天后宫

行，清风拂面，偶尔看见水牛气定神闲地在溪边吃草，鹭鸶悠游自在地在牛背上嬉戏；亲山段则沿着中央山脉而行，空气清新、居高临下，小镇风光一览无遗，沿途动植物生态非常丰富。骑上单车，慢行在车道上，可体验"农情万种"，感受关山小镇的恬静优美及人文情怀。

位于园区环镇车道约3公里处的艺丰农场，周边田野风光明媚，园区内遍植香草及药用植物，为游客提供休憩场所，还提供香草、药用植物的资料介绍、饮料供应以及香草香皂制作户外教学体验等。

竹轩工艺坊地处关山镇制高点，也可将关山镇一览无遗。群山环抱的竹轩工艺坊原为一大片竹林，现周边景观依竹而设，除提供休憩外，亦有简单的竹艺创作体验活动。

亲山农园规划了服务区、花园区、露营区、采果区与体验区等，园区内种植了许多花果树，为亲子采果、户外教学、休闲烤肉、露营等活动创造了良好的环境，农场提供的古法自制农特产品也绝对会让游客感到惊艳。

如果想深入了解关山小镇，并进行一次文化怀古之旅，天后宫是必看的景点，上百年的历史，诉说着关山先民的奋斗历程。天后宫为当地信仰中心，旁边的传统市场更是镇民聚集的地方。此外，历史悠久的关山旧火车站，曾经是关山镇居民的生活中心，出入关山迎来送往繁华一时，后来由于东线铁路拓宽，新站落成而荒废多年，现在经地方有心人及铁路迷多方奔走，经过重新整理，终于恢复昔日风华，古朴的建筑外观令人发思古幽情，不胜感怀时光的飞逝。

园区的好运道休闲农场，除提供住宿服务外，也有素食餐点，蔬菜水果大多自给自足。德高香丁观光果园种植了最具特色的香丁。香丁状似橙子但甜中带酸，风味独特，生长期长达14个月，采果时也同时是开花时，硕果累累又百花盛开，是一种非常奇特的果树生态。

7. 诗情画意，龙眼飘香——龙眼林休闲农业区

龙眼林休闲农业区位于南投县北中寮，沿途有广达1000公顷的龙眼树林，开花结果时，景色如画，十分怡人。龙眼盛产的季节，全庄的人同心协力采果、烘焙龙眼干，村庄处处展现出丰收的欢乐景象。园区早已发展出独步全台的龙眼烘焙技巧，年年在收获的季节将香味诱人的龙眼干，呈现在龙眼灶广场上。龙眼林休闲农业区除了生产龙眼外，还大量种植荔枝、竹笋、香蕉、文旦柚、桑葚等农特产，并拥有丰富的生态资源，在不甚广大的地区里具有百种蕨类植物、蝴蝶，并产有鸭腱藤、雪藤两种世界稀有的珍贵植物，樟平溪更孕育着台湾珍贵的贝类化石。

◎肖楠巨木群

龙眼林休闲农业区内还有一特色，村民的药草植物知识非常丰富，中寮各村落到处可见药用植物，且区内不少农场开始大面积地开辟药用植物园区，希望取代槟榔成为中寮乡最有特色的产业。

属台湾林木部门列管的自然生态保育林区富藏着大量贵为台湾五大珍木之一的肖楠，这些肖楠巨木群为日

◎龙眼林龙凤瀑布

图文台湾
荷上锄头钓竿去旅行——台湾休闲农渔业掠影

据时期所种植，树龄皆在百年以上。置身在位于海拔约500米处的肖楠巨木群中，只见巨木高耸入云，翠意满眼，阳光在巨木树缝间穿射，耳边尽是悦耳的虫鸣、鸟鸣声，彷佛置身于世外桃源，红尘俗事尽付天地间。肖楠属温带常绿植物树种，生长速度缓慢，成群的肖楠在夏季会散发出清新的芬多精，气味淡淡扑鼻而来，令人神清气爽。肖楠巨木群中还有孟宗竹林相伴，使整个林区呈现出多样的植物生态。如果幸运的话，还可发现千万年前造山运动后从深海涌上的贝类化石，见证地壳千万年来的变动。喜欢山林的朋友到此一游绝对不虚此行。

提起龙眼林的自然景观，龙凤瀑布堪称最具代表性的景点。它位于清水村三坎山麓，沿着泷林巷的石阶拾级而上，幽谷苍山间，鸟鸣四起，水声淙淙，约600米即可抵达龙凤瀑布。瀑布水流急速而下，夏季雨量充沛时，水流冲入潭中，会发出震雷般的声响；冬至过后水量慢慢变小，至春节和元宵节时最小；然后再随着节气不同水流慢慢变大。瀑布分为两道飞泻，其中气势雄浑的左瀑为龙瀑，连环三层的右瀑为凤瀑。龙瀑奔放洒脱，凤瀑柔缓飘逸。龙瀑所处地势因日照充足，在阳光照射下会浮现一道清晰美丽的彩虹，上下飘忽，非常壮观。凤瀑处于阴凉地带，周遭蕨类茂盛，水滴从蕨类植物上滴落，内蕴七彩，晶莹剔透。龙凤瀑布周边的层积岩形状变化多端，经过陈年累月的风吹日晒及大自然的历练，成为奇特的巨石。偶尔还能发现状似珊瑚的化石，仔细看会发现其实是钟乳石，奇特景观让你眼界大开。

下水堀生态农场有"中寮秘密花园"之称，它在十几年前原是槟榔园，后来为配合台湾富丽农村计划而砍除了槟榔树，改种了大量的原生树种及药用植物，园区利用生态学手法整治环境，设置浅水区、鹅卵石步道与植栽区等，并以此来营造萤火虫、蜻蜓与独角仙的栖息环境。下水堀农场占地约5公顷，除了自然生态非常丰富外，还用砌石打造了水堀，沿着水堀的岸边漫步，可以看见许多活蹦乱跳的昆虫，蜗牛在文殊兰上慵懒地爬行，蜻蜓、五颜六色的凤蝶、小黄蝶、蛇目蝶穿梭在百花丛中或围绕在你的身边。下水堀生态农场俨然是个生态示范地。在这个乐园里，不仅可以认识植物、昆虫、药草，又能健身，真是一举数得！

月桃香休闲农场位于南投县中寮乡内城村，属于龙眼林休闲农业区，原为农耕地并以农业生产为主，后来转型为以保育、复育山林为主的休闲农业。月桃香农场占地约12公顷，位于海拔800米的原始林至今还保存完整，拥有丰富的原生树种。在入口处就能体会主人的用心，有主人精心设计的鲤鱼池，往前是亲子休息区，小朋友一定会好奇玩一玩，大人也可暂时伸展一下筋骨。往上约300米处可见用雪松木盖成的小木屋餐厅，餐厅是由古式三合院改造而成，留有浓浓的传统和古朴风格，在那里用餐可远眺群山，视野非常开阔。顺着步道来到民宿区，总共有9间小木屋，且都为通铺，每间大约可容纳6~7人，空间很宽敞，非常适合校外教学或公司旅游度假。暂时远离尘嚣、光害、嘈杂，徜徉在山林里，享受芬多精的熏陶，不啻是山村养生新观念。月桃香还有一处日据时期保留下来的礦山炮台，后来农场在此盖了一座六边形景观凉亭作为游客休憩点，视野宽广，空气清晰，可远眺台中港。

　　来到月桃香休闲农场，除了享受森林浴之外，还可品尝农场自产自制自销的桑葚汁、梅汁、桑葚蜜饯、洛神花蜜饯等特产，味道非常清爽可口。洛神花蜜饯采用天然新鲜花萼制作，过程安全卫生，果料无添加任何人工香料及色素，可说是最天然的甜点。

　　当下，龙眼林休闲农业园区已成功蜕变，由原本默默无闻的农村，变为绿意盎然的美丽心灵的归宿，但不变的是它仍旧散发着的台湾乡村特有的温暖、祥和、悠闲气息，知足乐天、知福惜福的乡民，脸上永远挂着亲切的笑容，热情地招呼着远道而来的游客，亲切地邀请大家共享这座富丽的农村。

◎月桃香休闲农场小木屋民宿

图文台湾
荷上锄头钓竿去旅行——台湾休闲农渔业掠影

8. 横山大地，水绿好游——横山头休闲农业区

横山头休闲农业区位于宜兰县员山乡，该地区就像是宜兰的缩影一般，有山又有水。横山头是雪山山脉的余脉，清晨的水汽以及雨后的山岚，经常笼罩山头，呈现清新脱俗的景致，堪称画家笔下的绝美素材。源自兰阳溪流域的涌泉，流泻成大大小小的沟渠与池塘，灌溉了该地的良田，滋养了肥美的鱼虾，也使当地休闲农业的特色与水息息相关，比如水景公园、水圳步道、太阳埤、水车景观等，其它的游览或者体验项目还有青蛙馆、甲虫生态馆、香鱼主题餐、莲花园、土砻间、拖拉机等。

当看到被群山环绕的一片绿油油的稻田时，便是到了内城农场了。夏天来到这里，仿佛走进一个五部混声的蛙鸣大会现场，蛙唱声此起彼落，声声相连。除了不绝于耳的蛙鸣虫唱，农场还因幸得山泉水灌溉，不但是栽种蔬果的绝佳地方，场主还利用涌泉养吴郭鱼。吴郭鱼一身甘鲜的肉质让人惊艳。临近太阳埤、渡船头公园、内城茶园等景点，天生天成的生态环境，让内城农场更显得天独厚，来趟内城农场，不仅可体验生态探险之趣，更可享受乡村露营度假之乐！农场提供戏水、露营、烤肉、游泳等多项服务，新辟的青蛙生态馆展出当地十几种青蛙，吸引不少孩子前来游玩。

蜂采馆是台湾唯一的蜜蜂生态文化馆，也是目前唯一的蜜蜂产品专卖店。馆里的一景一物无不彰显着馆主对蜜蜂生态的认知和热忱以及对绿色环保的一份责任。在蜂采馆进行一次集知识、文化、趣味、生态于一体的蜜蜂之旅，游客能更亲密地悠游在蜜蜂的神奇世界里。馆内设置了展览区及生态区，并规划为"蜂流韵史"、"蜂情万种"、"蜂建制度"、蜜山由来、小小图书馆、蜂拥而上、认

◎横山头休闲农业区利用废弃脚踏车和铝罐做成的"幸福水车"

识虎头蜂及蜜蜂小百科等单元，展示出蜜粉源植物、蜜蜂的社会行为、蜜蜂观察箱、穿蜂衣的原理、采蜂蜜的操作工具等。

可达牧场饲养着百余头羊，成功地将休闲与教育合为一体，是游客体会农趣的最佳休闲场所。牧场通风良好，没有印象中的羊膻味，并且场内环境干净整洁，羊只定期检疫。牧场主人从事牧羊产业近20年，常亲自为游客解说牧羊的整个过程，其中包含饲养方法、羊的品种、羊的习性等。有兴趣的朋友也可预约学习制作各种羊奶制品，并亲自制作各种造型的羊奶馒头、饼干等。来到牧场当然不能错过亲自牧羊的体验，如亲喂小羊吃草、花十块钱买一瓶羊奶享受喂小羊喝羊奶的乐趣。在可达牧场，游客也可亲身体验挤羊奶的滋味，且可将有卫生保证的现挤羊奶当场生饮尝鲜。牧场内还饲养许多可爱的兔子和猫，穿梭在牧场中的它们给游客带来一个绝对不一样的欢乐体验。

◎胜洋休闲农场"生态瓶DIY"及水草创意料理荣获冠军的奖杯

以水草为主题的胜洋休闲农场，不仅开发水草生活体验和教学活动，更利用丰富的水草专业知识，出版"水草生活家"系列专业图书在岛内外发行，以及销售各式水草创意商品。近年来在场主带领下，

◎横山头凤凰宿

农场极力研发水草料理及水草生态瓶等产品，并打造出水草博物馆，目前正积极推动成立区域性水资源博物园区。由于近年来台湾生态环境日益遭到破坏，使得常见的水草渐渐稀少，若不收集种源并进行复育，水草恐将绝迹。为此，胜洋水草场一方面复育台湾的水草，一方面也积极学习水生植物的相

关知识，并与宜兰小区大学共同开展调研和保育湖泊水域生态的工作，并在场内设置生态池，为保育自然环境尽一份心力。为了完整展现水生植物的丰富面貌，让参观的学生、民众都能清楚了解水生植物的生态，推广保育自然生态环境的观念，该农场不断规划完善展示环境、展示系统以及学习内容，展现水生植物之美。在这里，水草不仅仅是水草，胜洋水草餐厅依季节不同推出各种水草创意料理，如水紫苏蕃茄色拉、龙虾水草色拉、香蓼帝王蟹、海鲜莲花梗、鱼腥草鸡汤、海鲜水草泡菜、紫米莲藕、山葵生鱼片、和风鳗鱼、清蒸胜洋鲷等，让农场同时兼具了饮食、环境教育、体验，以及文化等多功能面向。

休闲农业区的民宿虽然不是很多，但经营者却匠心独具，为游客提供了多样的选择。凤凰民宿的主人是土生土长的内城人，可引导游客游览横山头的自然风光，并精彩解说横山头的乡土传奇及自然生态，让游客尽情享受静谧的夜晚。民宿内还设有甲虫生态馆，让孩子能体验甲虫生态的奥妙。尚德莲花园被各式各样的荷花及睡莲所包围，白天有蜻蜓及鸟儿逡巡其间，夜晚则有呱呱的蛙鸣伴您入眠。青靓河畔是园区内低调极简的民宿，隐身于乡土之间，搭配传统土砻，形成独具宜兰味的风格景致。

四 台湾休闲渔业撷英

正如前文所述，台湾休闲渔业已呈现多样化发展的态势，从大类来看，有渔乡美食型、教育文化型、运动休闲型、体验渔业型、生态游览型；从小类来看，更是种类繁多。但整体而言，台湾休闲渔业是以渔港、渔村等为主要发展据点。本章将分两节，分别介绍台湾主要休闲渔港和经典休闲渔村，以期使读者对台湾休闲渔业的发展及经典景点有更进一步的认识。

（一）旧貌换新颜的休闲渔港

1988年，台湾开放各级渔港供娱乐渔船使用后，渔港的利用由单纯渔船停靠、装卸、补给等功能转型为休闲娱乐的功能。随着休闲娱乐活动的发展，渔港人流增加，看船看海民众涌入港区，台湾各渔港看准时机，陆续投资兴建休闲需要的公共设施，更增设直销鱼市，增加海钓、潜水等活动，以吸引游客。休闲渔业的发展不仅使现有渔港的功能更为多元，而且使原本没落的渔港重新焕发出勃勃生机。整体而言，台湾各地区重点休闲渔港的经营项目也因条件不同而有差异，经整理如下表：

台湾重要休闲渔港的经营项目表

区别	县市	渔港	经营项目
北区	基隆市	碧砂	鱼市、海鲜、海钓（观光船、渔港公园）
	宜兰县	乌石	鱼市、海鲜、海钓、赏鲸、渔港公园
	新北市	淡水	鱼市、海鲜、观光船、海钓、渔港公园、观海木栈道
		富基	鱼市、海鲜
		深澳	海钓、海鲜、观光船
	桃园县	竹围	鱼市、海鲜、海钓
		永安	鱼市、海鲜、海钓
	新竹市	新竹	鱼市、海鲜、海钓、渔港公园
中区	苗栗县	龙凤	海鲜、海钓
		苑港	观海、烤肉、鱼丸加工、休闲设施
		外埔	鱼市、海鲜、海钓、观海木栈道、休闲景观
	台中县	梧栖	鱼市、海鲜、海钓、观光
	彰化县	王功	海鲜、牡蛎、休闲景观、牵罟、灯塔
	嘉义县	东石	海鲜、游艇、海水浴场、景观
		布袋	鱼市、海鲜
南区	台南县	将军	鱼市、海鲜、海钓、渔港公园
	台南市	安平	鱼市、海鲜、海钓、渔港公园
	高雄县	兴达	农鱼市、海鲜、景观木栈道、渔业文化馆、休闲公园
		蚵仔寮	鱼市、海鲜、休闲景观
	高雄市	前镇	农鱼市、海鲜、鲔鱼文化馆、鱿鱼文化馆
		鼓山	海钓、游艇码头、亲水海岸公园
	屏东县	东港	鱼市、海鲜、渔业陈列馆
		小琉球	海钓、观光船、网箱养殖、海底玻璃船
		海口	海鲜、海钓、网箱养殖
		后壁湖	鱼市、海鲜、海钓、观光游艇、浮潜
东区	花莲县	花莲	海钓、赏鲸
		石梯	海钓、赏鲸、景观
	台东县	新港	海鲜、海钓、赏鲸、水族馆
		绿岛	海鲜、海钓、观光船、浮潜
离岛	澎湖县	马公	鱼市、海鲜、海钓、观光船、浮潜
		赤崁	海钓、观光船、亲水堤岸、水族馆

台湾各地区渔港根据自身的条件向休闲渔港转型，不但使渔港重新焕发生机，更为台湾都市民众创造浪漫休闲的好去处。下面重点介绍几个具有代表性的休闲码头。

1. 淡水渔人码头——浪漫约会的好去处

淡水河是台北三大河流之一，在入海口原有淡水旧港，渔业曾盛极一时，后因为淤塞而逐渐废弃，当下其防波堤仍是观霞寻幽的最佳景点。1981年，政府在沙仑兴建新渔港，1987年竣工，陆域面积约为15公顷，水域面积约为11公顷，合计26公顷，这便是淡水渔人码头的前身。为适应民众海洋休憩的发展趋势及渔港功能多元化的需求，台湾有关部门推动了渔港改造计划，修建了停车场、木栈道、跨港桥、直销鱼市、渔港公园等，将淡水渔人码头开发成一个结合玩赏、采购、娱乐等多功能的休闲渔港。2001年一开放，淡水渔人码头便成为台湾休闲旅游的著名景点，成为台湾渔港转型的经典之作。

渔人码头位于淡水河出海口的右岸，东有绵延的大屯山山脉，西南边隔着淡水河与观音山相望，由于处于河海交界处，因此视野辽阔，看山望海两相宜，一切美景尽收眼底，且逐渐与淡水灯塔、中仑海堤、石沪角、沙仑海滩连成一条集赏景、雅坐、垂钓、协力车于一体的著名风景线。

到达渔人码头，没走几步，眼前便会出现一道美丽的弧线，这便是浪漫的情人桥了。这是一座白色的跨海大桥，串联起两岸，有着优美的弧度和当中一道高高耸起的"风帆"，远远看去，整座桥犹如迎风前行的帆船。这座桥之所以叫情人桥，是

◎淡水渔人码头

◎淡水夕阳很美

◎淡水渔人码头上的骑警（张存端摄）

◎淡水河上造型流线弯曲的情人桥（张存端摄）

因为2003年大桥启用那天正好是情人节，因此，它也向游客传达着无限的祝福和浪漫的情怀。

与情人桥的柔美风情不同，渔人码头上还有帅气的骑警队，他们在周六和周日时来这里表演马术，常常成为游客的注目焦点。码头边停满了许多渔船及游轮，现在更常成为广告片拍摄的场景，悠闲地走在那百米长的木栈步道上，远眺对面的观音山和出海口尽头的台湾海峡，别有一番风味。

曾有游客在游记中这样写道："时间渐渐推移，天边云霞尽染，夕阳照水，海浪轻卷，好一副旖旎画境。淡水夕阳为淡水的八景之一，想要看到最完整的夕阳，就一定要来到渔人码头。在木栈道吹着海风，看着夕阳缓缓落下，让人心旷神怡中有一种日落的惆怅。如果是携着最亲爱的人来此，登上情人桥，海风轻掠发梢，相互依偎着，看晚霞映红整个天空，红彤彤的落日逐渐沉入海底，远离了城市喧嚣，耳中只有海涛拍岸之声，什么也不用去想，只是依偎着，共赏这人间美景。此情此景，怎能让人不怀想，不感叹，终难忘？

"夕阳落下，送走了白天，夜就这样悄然来临。华灯初上时，渔人码头换了另一种姿态，迎接着八方游客。游走了一日的船只终于停了下来，向岸边归拢，随着海水摇荡，呢喃着与海水诉说情话。岸边五彩霓虹倒映水中，晶莹得如同水晶世界；情人桥颜色变幻，制造着不同的浪漫气氛。融入熙熙攘攘的人群，人声鼎沸的热闹，让我们突然感觉到生活的真实和俗世的美好；慢慢踱在木栈道，河堤的宁静，让人感受与自然对话的心头澄明和惬意。微风拂面、波涛拍岸，静静听，远处飘来阵阵吉他声和迷人的歌声，这声音悠远、飘忽，可能来自淡水河畔咖啡馆，也有可能来自河岸观景剧场吧。夜半，行人逐渐稀少，是该归去的时候了，于是人们微笑着走在回家的路上。"

2. 基隆碧沙渔港——八斗子的渔获橱窗

碧沙渔港位于基隆市北宁路上，顺着基隆港东岸码头直走，经过海洋大学到北宁路，便先看到一个体型庞大的船身矗立在八斗子滨海公园旁，这便是闻名遐迩的"海功"号。看到这艘船，游客便明了，碧沙渔港就在眼前了。

停靠在岸边展示的海功号不仅仅是废弃的大型远洋渔船，它曾肩负开发远洋渔场及探测渔业资源的重责大任，其中以1976年先后4次从事南极渔业资源开发功勋最大，它使台湾成功地将远洋渔业的触角伸向南极。海功号航行18年，共执行了53航次任务，1993年功成身退，1995年被赠予基隆区渔会。退役的海功号仍旧守护着大海，现在除了供观赏外，还是游客摄像取景的绝佳所在。

碧沙渔港最为出名的是它的鱼市与美食街。在成立观光鱼市后，碧沙渔港立即跃升为滨海人气最旺的地方，每到节假日，人流车流涌入，渔港腹地颇大的停车场也几乎一位难求。

◎华灯初上的淡水渔人码头，如梦似幻般美丽（张存端摄）

◎海功号

◎碧沙渔港渔会大楼

图文台湾

荷上锄头钓竿去旅行——台湾休闲农渔业掠影

◎碧沙渔港的龙舟

碧沙渔港的渔货以八斗子渔港为基地，种类之多及新鲜度，在台湾首屈一指。碧沙观光鱼市的室内面积不算大，约3000平方米左右，又分为海鲜区和美食区。海鲜区大约有40多个摊位，鱼虾蟹螺贝货色齐全，每个摊位各有特色，渔产丰富新鲜，价格也较一般市场便宜许多。美食区规划有序，大约有近40家商店，每家都是独立的店面，店门口不但有招牌而且有号码，易于让游客辨认，和一般的海鲜店一样，店门口摆满了各式的海鲜，方便游客点菜。比较特别的是，游客可以在对面的生鲜鱼市场内选购好自己喜欢的海鲜，带到餐饮店中直接下锅。或者当缺货时，店老板也可以直接到对面的海鲜区去调货来满足客人的需求。请店家代为料理，实时品鲜，是这里最大特色。碧沙这个热闹的鱼市，活脱脱一个八斗子的渔获橱窗。饕餮完这里的美味海鲜，在大渔港旁搭乘观景船往基隆屿或彭佳屿游览，又可感受隔海观岸的趣味。

结合休闲、鱼鲜、美食于一体的碧沙渔港，占尽天时地利，成为北台湾远近驰名的观光胜地，但碧沙渔港早期建港完成时，由于稳定度不佳，停泊渔船寥寥无几，曾是渔民口中的"恶港"，但现在有如灰姑娘传奇性的演变，堪称台湾渔港转型成功的最佳案例。

3. 新竹南寮渔港——彩绘海洋生态

南寮渔港位于新竹市西北郊，离新竹市区不远。南寮旧港已经辟为观光游憩景点，并列为新竹市17公里海岸观光带的一环。以蓝白颜色为主体的建筑风格，使得这个重生的渔港染上了地中海的风味。南寮旧港及其周边聚落为新竹市早期发展地区之一，见证了新竹市的发展过程，具有重要的历史文化价值。

别看南寮渔港现在渔船不多，在昔日全盛时期，这里曾经聚集了全省来捕抓小鱿鱼的灯火渔船和大型拖网渔船高达二百多艘，更是南北渔船返航路的中点、各地渔货船的集散地，因此被列为十二名胜之一，并有"南寮归帆"雅称。到了1969年，因为溪口淤积等多种无法克服的因素，政府在头前溪出口南岸约2公里处兴建了新的渔港；南寮渔港从此渐渐被人们遗忘。2000年，基于文化景观的保存与地区产业发展政策的需要，南寮旧港被确定为保护对象予以保存下来，并与新港一起进行南寮双港区再生发展规划，这让南寮渔港成为了民众假日休闲的绝佳去处，发展成为了新竹的旅游地标。现在，每逢节假日，大批游客携家带眷地来此品尝海鲜，购买渔获，放风筝，热闹非凡。

南寮渔港有一个渔产品直销中心，由新竹区渔会所设立。占地3600平方米的渔产品直销中心共2层楼，1楼为生鲜海产区，2楼为海鲜美食区，摊位44个，共有1500个用餐坐位。生鲜海产区贩卖的是新鲜活跳的本港渔获，价格便宜；海鲜美食区则是拥有不少的熟食，如鲜鱼汤、蚵仔汤、炸海鲜，应有尽有，是老饕们的聚集场所。

南寮渔港外围有一道绵长如带的防

◎南寮渔港夕阳西下伫立在港边的蓝白建筑

◎南寮渔港夕阳下满天飞舞着的风筝

◎南寮渔港旅游服务中心的观景台高达29米

波堤，堤面彩绘海洋生态，是南寮渔港的标志。漫步在堤上，欣赏海边落日，吹吹海风，十分惬意。南寮渔港有点像小一号的淡水渔人码头，目前成了私家渔船的停泊点，平日会安排夜钓或是钓小鱿鱼的行程。在新竹市的规划下，南寮渔港拥有渔村文化博物馆、海洋生态展示区、鲸豚援救站、咖啡广场、环港步道等旅游景点以及旧港的丰富历史文化积淀，到此一游，除了能获得海洋生态知识外，还能看到台湾传统渔业转型的艰辛路程与丰硕成果。

4. 苗栗外埔渔港——休闲度假的好去处

外埔渔港位于苗栗县后龙镇的中港溪口与后龙溪口之间，并处于后龙滨海游憩区的南方，是苗栗县最具规模的渔港之一。近年来，经过改造后，外埔渔港成为苗栗县的休闲观光景点，空气中原本弥漫的鱼腥味被咖啡香所取代，印象中的脏乱景观则改为整洁的铺面地板、木栈道。改头换面的外埔渔港，矢志向淡水渔人码头看齐，将成为后龙镇的代表景点。

合欢石沪位于外埔渔港附近，它是用礁岩在海岸边砌成一座圆弧形的墙，具有300年的历史。石沪附近还有一个观景台，里面立有清朝时期石沪买卖契约及管理办法的解说牌。苗栗县沿海以往有22座石沪，但目前仅剩这座合欢石沪和一个母乃石沪了，其中又以合欢石沪的面积为大。

外埔渔港入口处竖立着高耸的地标——鲨鱼和"迦纳"，码

◎合欢石沪一角

◎外埔渔港入口标志

头正面设有亲水公园，设施包括喷泉及戏水道，造形很有新意；渔港南面和西面的防波堤上则雕塑多幅图画，简介各式渔捞，并以斩石子造型勾缝，形成一道艺术走廊；北面新建的渔会大楼和岸上公园让整个渔港景观焕然一新。

　　苗栗县正积极兴建码头木栈道、浮动码头、游客服务中心，并加强绿化、休闲走廊等工程建设。沿着海岸铺设的铺面地板让整个港区充满闲适的气氛，未来外埔渔港的海洋观光事业的发展将更可期待。另外，苗栗县还特别甄选出三家行动咖啡车在此设置户外咖啡座，游客可以迎着海风喝着咖啡，享受悠闲的假日时光。

　　外埔渔港外海渔产丰富，渔产包括乌鱼、阔腹鱼、小鱿鱼、白带鱼等，也有渔会辅导开办的餐厅，民众若想品尝当地特色的新鲜海产，可请店家代为料理，既经济又实惠。随着蓝色公路的启动，游客还可以搭乘娱乐渔船出海欣赏蔚蓝大海，或享受海钓之乐。

◎外埔渔港旁的沙滩

5. 台东富冈渔港——休闲胜地"小野柳"

　　富冈渔港又称伽兰港、加路兰港或台东港，其规模在台东仅次于成功渔港，是台东县的第二大港。渔港兴建于1954年，原名加路兰港，因邻近高山族阿美人的加路兰社而得名。渔港早期为小渔村，渔民以捕鱼为生，并以渔船作为人力、物资运送的主要工具。直到现在，富冈渔港仍然保有传统的线性渔村聚落形态与渔业行为。富冈港口南方接壤卑南溪出海口，北方与花东海岸山脉相邻，渔港良好的地理位置与多样化的地形，使得富冈渔港具有便利的交通与丰富的观光资源。

◎富冈渔港码头

　　平日，每到早上10点钟，渔船陆陆续续回到港内，带回一篓篓新鲜的海产放在码头上拍卖。想吃新鲜又便宜的海产游客来这里是个不错的选择，富冈的

图文台湾
荷上锄头钓竿去旅行——台湾休闲农渔业掠影

◎富冈渔港候船处

许多海产店也都提供新鲜味美的海鲜大餐。富冈的生鱼片就是台东的名产。

富冈渔港除了海鲜非常多外，其观光资源亦十分丰富。站在富冈的码头上，可以欣赏船进船出的忙碌景象；如果没有看过渔夫出航捕鱼的情景，这里是最佳的学习地点；游客当然也可以站在堤防边，欣赏浩瀚的太平洋，这也是许多游客喜欢驻足在这里的原因之一。港区北岸衔接海岸山脉，有隆起岩石及珊瑚礁等分布，和新北市内的"北海岸野柳风景区"地形景观极为相似，故被称为"小野柳"。渔港北方约3公里处，便是以地层翻转而著称的加路兰风景区。加路兰意为洗头发之处，因附近的溪流富含黏土矿物，洗发之后让头发自然润湿亮丽而得名。从地质构成来看，这里有完整的沉积构造和沉积变形构造，并且全部上下倒置，十分特殊。由富冈渔港出发，沿着台11线往北约8公里，进入东河乡之后，便是幽静的都兰湾，该地有丰富多样的海滨植物和潮间带生物可供玩赏。

近些年来，随着赏鲸、海钓、潜水探访珊瑚礁的热潮兴起，再加上其特有的绿岛、兰屿等观光景点，富冈渔港名声大噪。

6. 花莲渔港——休闲观光购物的天堂

花莲渔港位于花莲市郊，距花莲市区仅约十分钟的车程，交通相当便利。花莲县政府经过10年努力，筑堤造地，兴建码头，将原本传统杂乱的花莲渔港，打造成多功能的观光渔港，成为花莲观光游憩的新地标。花莲渔港拥有休闲码头、观光鱼市、购物广场等景点。

花莲渔港休闲码头位于花莲渔港北侧，经过对港务局原有的旧房舍内外重新设计装修后，现拥有的硬件设施有码头停泊站、生态展示馆、解说室、鲸豚援救站及停车场等，是台湾规划的第一座娱乐渔船专用码头。到花莲渔港，赏鲸是不容错过的集知性与感性于一体的休憩活动。花东海域以抹香鲸、伪虎鲸、热带斑海豚及弗氏海豚等为最常出现的鲸豚，尤其以调皮的海豚最有看头，也是最受游客赞赏的。花莲赏鲸最适合的时期以每年的4月至6月，也为最高峰期。

花莲观光鱼市位于花莲渔港区内，为一传统鱼市场，外围为零售鱼市，贩卖港区内渔民现捞的新鲜渔货（如鬼头刀、翻车鱼等），本区内除可观看渔船卸、拍卖渔货等渔业活动及渔船景观外，另有多家海鲜餐厅提供多样化海鲜料理供游客尝鲜，游客可于鱼市亲自挑选喜爱的海鲜种类，再依个人喜爱的烹调方式请店家烹煮。

◎花莲渔港全景

◎鸟踏石购物广场的前方广场

鸟踏石购物广场是花莲渔港新建的渔业场馆，特地取名鸟踏石购物广场是为纪念消失的"鸟踏石仔"渔村，让"鸟踏石"这渔村名字以另一种方式继续传承下去。鸟踏石仔村是早期花莲东边的海岸聚落，当地有一块大礁石，上头常有海鸟群集。鸟踏石购物广场是由一整排颜色相当炫丽的欧式建物构成的复合商圈，在蓝天、绿地、大海衬托下，总是能吸引游客的目光，尤其在夜间灯光闪烁的情境下，可媲美日本神户港，像极了渔港的一颗夜间明珠。游客可以到鸟踏石购物广场选购特色商品。它已成为花莲另类的购物据点。

图文台湾
荷上锄头钓竿去旅行——台湾休闲农渔业掠影

◎竹围渔港渔业综合大楼

◎竹围渔港夕照，远处即彩虹桥

7. 桃园竹围渔港——多功能化之典范

竹围渔港位于桃园县大园乡，自1950年代开港，历经半个多世纪，主要渔获物有鳍、鲨、黑鲳、小卷、鲣、乌鱼等鱼类，已和基隆碧沙渔港、台北石门富基渔港并称为北台湾三大渔获供销重地；在台湾"经济部商业司"辅导下，增加渔产品直销中心，显眼夺目的跨海人行拱桥、太阳能发电路灯等设施，使竹围渔港未来朝多样化的海洋休闲渔业发展，成为台湾渔港功能多元化的示范渔港。每逢假日，总吸引大批的游客前来游玩！

渔货直销中心一楼专卖鲜渔货，占地约2300平方米，共有77个摊位，贩卖鱼、贝、虾、藻等水产品及加工腌渍物，买卖方式多样化，甚至可论斤拍卖，游客可满载而归。二楼为熟食区，共有18个摊位，也可代客烹饪，游客可一饱口福；竹围渔港渔货直销中心整年都有渔获展示及贩卖，由于渔获新鲜，价格合理，每逢假日，鱼市场外的马路上人头攒动，各种香味四溢的加工渔产品，无不让人食欲大振。

因当地联外交通不完整，每逢节假日，交通便异常堵塞，为有效解决交通问题，竹围渔港新建一座进出渔港的彩虹桥，成为当地渔港观光胜地新地标。彩虹桥位于南崁溪出海口，联系大园竹围与芦竹海湖两地；于2003年10月26日正式通车，桥身设计采取纽尔逊钢拱桥，为三向度变化的拱桥造型；主桥180米，桥引道420米，联络道1190米；彩虹桥主桥尺寸为单跨跨度180米，桥高31米，人行道两旁有8个半圆形景观平台，是民众赏景的好地方。

（二）经典渔村社区

过去台湾以海堤、河川、道路交通及供水排水系统等建设为主，曾大力推动渔村建设；近年来，台湾推动经典休闲渔村计划，则进一步将渔村建设工作扩展到渔村整体环境的美化上，甚至在少数具有特殊景观、民俗文化以及渔业生产地区，特别规划发展为休闲渔业区域。目前全省共约有如下十余个经典休闲渔村小区，成为台湾渔村建设的样板，可优先规划发展为渔村旅游休闲渔业示范区。

台湾经典休闲渔村分布表

地区名称	特色项目
澎湖马公市菜园里	丁香鱼的故乡
连江北竿乡桥仔村	等待海洋牧场的曙光
台东富冈新村	落地生根，发现大陈
花莲寿丰乡共和村	纵谷间的水中牧场
宜兰苏澳镇昭安小区	北方澳飞鱼、百合
宜兰苏澳镇港边小区	牵罟、生态、无尾港
宜兰头城镇合兴小区	合心、合欣、合兴
屏东枋寮乡大庄村	海鸥展翅迎朝阳
台南七股乡龙山村	山龙蟠村，永续平安
嘉义东石乡网寮村	跃动的渔村
云林台西乡五港村	风云台西，活力海岸
彰化芳苑乡王功村	百年传说，王功苏醒
台中龙井乡丽水村	希望的模范村
苗栗苑里镇苑港渔港	现捞海宴好尝鲜
新竹新丰乡新丰村	牵罟、湿地、红毛港

资料来源：富丽渔村计划。

本节将挑选部分经典渔村社区进行介绍，以便读者对休闲渔村社区能有更形象的认识。

图文台湾
荷上锄头钓竿去旅行——台湾休闲农渔业掠影

1. 生态、牵罟——宜兰苏澳镇港边小区

宜兰县苏澳镇港边里东边紧邻太平洋，先民由平埔人及数个具有海洋特性的族群组成，居民早期以渔业为生，是传统的小渔村。目前，港边村民借助当地优越的自然条件和丰富的传统海洋文化，成功地实现了传统渔业向休闲渔业转型。

港边里转型的具体做法是，借助位处秋冬季候鸟迁徙的必经之路的独特优势，加上有湿地特有的丰富水生动植物资源，为提供鸟类食物来源，港边里开辟了水鸟保护区。水鸟保护区内现有鸟类已超过170种，另有蜻蜓32种。港边里拥有绵延数公里的沙滩海岸线和数公里的板岩层海岸线，凭借这蕴含丰富的海洋资源及海洋生态环境，港边里开发了海洋生态环境教育场所作为教育基地。

港边里的牵罟在早先是居民捕鱼的重要方式，它凝聚着渔民吃苦耐劳与团结合作的精神，因而成为渔民的共同记忆。港边里的传统牵罟已于上世纪70年代就消失，居民亲海的时空淡化了，渔业村落也逐渐失去了海洋民族的特性。在渔业没落、资源萎缩后，港边里把牵罟转型成为本地的文化及经济活动，将牵罟文物设计成纪念品，演出牵罟舞蹈剧，以提升牵罟文化层次。

港边里不仅提供外地访客夜宿、餐饮等服务，而且在清晨会举行牵罟活

◎港边小区的水鸟保护区　　　　　　　　◎牵罟过的阿伯为大家讲解牵罟操作方法

四　台湾休闲渔业撷英

动,一方面让游客体验海洋传统渔业文化,亲近海洋,同时也为社区居民带来经济收益。牵罟活动一般要动员三四十人,驾船出海,掌舵,划桨,扛渔网,拉罟索。港边里的动员方式极其特别,不用广播,不用电话,只需要吹螺即可。港边里有一句话:"螺声一响,无尾港找不到一个闲人。"这是对港边里传统捕鱼作业最贴切的写照。

2. 百年传说,王功苏醒——彰化芳苑乡王功村

王功村为彰化芳苑乡中最大的村庄,面积约五平方公里,占全乡面积的十分之一,居民1800余户,人口约12000余人;北连鹿港镇,南达二林镇,东通溪湖镇,距县行政中心(即县政府)28公里,道路平坦,车旅往返,交通很是方便。

作为彰化县近海优良渔场之一的王功村临近台湾海峡,常受季节风的吹袭,加上土地贫瘠,农作物不易生长,因此村民大多从事渔业工作。后来,由于政府大力辅导农村发展,改善渔民生活,王功村村民的生活水平日渐提高。1967年间,政府又于王功村西滨沿海辟建一面积约三公顷的避风渔港,并在距离渔港入口前约400米外建一座生态观景桥,这座桥的设计强调人性关怀,注意光线和风的互动,并荣获国际性建筑大奖——远东建筑奖,是国际观光客必访之处。从桥上不仅可远眺后港溪出海口的潮汐变化及王功夕照,也可观赏到相当丰富的湿地生态景观,这里已成为王功

◎王功村渔港的生态观景桥

◎王功渔港夜色

- 97 -

景观的标志之一。

在王功渔港,当阳光明媚时,湛蓝的海水、飞翔的海鸥、闪烁的帆影,相互辉映,引人入胜。在夜幕低垂,到处一片漆黑时,波涛起伏的海面上,渔火通明,蔚为奇观,因此被列为彰化县八景之一——王功渔火。

沿着芳苑灯塔后方堤岸道路往新宝村方向走,是彰化县农业局多年复育成功的大片红树林,约1米高的红树林里,有白鹭鸶等水鸟栖息,是很棒的自然生态教室。

尽管有风沙的袭击,土地不肥沃,但王功村仍有其海港资源的优越条件。近年来在地方人士努力争取下,政府正计划辟建海水浴场、垂钓场、滑水等旅游活动设施,并以此来推动王功村海上游乐事业的发展,使王功村成海上乐园,让游客可以体验海洋生活和享受海洋景观,并增进对海洋科学知识的了解,以达陶冶心情、变化气质的效果。

◎王功村红树林复育区

3. 风云台西,活力海岸——云林台西乡五港村

云林县台西乡五港渔村位于台湾西海岸,北临麦寮,南接四湖,西面台湾海峡,乡民大都以经营海洋事业为经济来源。随着海埔新生地的开发,五港村居民渐渐从捕捞蜕变成养殖,养殖种类主要有沿岸的蚵类,内陆的文蛤、虱目鱼、虾类,60%的居民从事与海有关的产业,因此到处可见成堆

◎海螺圆环,一座很能代表台西的建筑,外表有无数螃蟹和鱼儿烧粘于上,近黄昏之际,这里是游客喜欢驻足纳凉的地方

- 98 -

的蚵壳和全副装备的渔夫。

之前，台西乡五港渔村和其它渔村一样，面临产业没落、人口老化及环境污染等问题，在这样的环境下，由当地人组织一支号称具有新活力的"活力海岸工作团队"，以"创新与团结"的精神，经营服务型的渔村产业。该团队组织了当地中高年龄渔民，施以短暂的教育训练，课程包括导游解说、美食料理、特产制作营销和小区文史编录等，且举办独特的台西养殖文化节，展示丰硕的成果，使得多数只重视生产的渔民，转型变成风趣的生态导游和美食料理大师。

活力海岸工作团队推动的项目包括生态旅游、海口风味餐和特产销售等，有吃有喝又有玩；生态旅游部分，以台西原有的渔村产业景观及自然风貌作为开发重点，这里的蚵田鳞次栉比，在夕阳晖映下形成强烈光影与水波交错而成的幻影，每每吸引游客驻足和赞叹。丰富的潮间生态和渔民蚵田实际作业的魅力，配合导游提供"蚵的一生"导游解说，可谓美妙绝伦。另外，活力海岸工作团队搜集早期渔村特殊料理和当地素材，开发成海口风味餐，清淡又富古早味，有别于一般餐饮业所料理的油腻，汁鲜味美，每每得到游客赞赏。特产销售部分，则利用文蛤、虱目鱼等当地渔产，经加工成纯朴小菜，消费者仅需简单的贮存，即可随时食用。

台湾"渔业署"等多个部门曾出台了多个社区环境改善计划，这为台西乡五港渔村推动再造工程提供了便利的政策条件。目前，五港村已完成了实木结构观海平台二座、观赏鱼埕实木结构凉亭二座、海口庄派出所等空间营造、台西老街再造、牛稠大排亲水空间、早期旧式宿舍保护等工程，这使原本平淡无奇的渔村风貌犹如画龙点睛般地生动起来。更重要的是，这些空间开发将使五港渔村成为旅游休闲的良好场所，会吸引大量游客前来观光。

五港渔村体验式的乡土旅游，会给长时间在都市生活的人们一个完全不同的旅游经验，

◎五港村的文物古迹之一——安西府

游客可以实际参与并完全融入渔村生活，在对渔村生活方式认知的游览中了解造物者的奥妙。

4. 海鸥展翅迎朝阳——屏东枋寮乡大庄村

屏东县枋寮乡大庄村位于屏东县枋寮乡通往垦丁公园的交通干线旁，北接佳冬乡、林边乡，南临枋山乡和春日乡，海岸线将近2500米，全村总面积180.96公顷，70%以上都作为养殖使用。近年来，大庄村村民特别精心地推动休闲渔村的营造计划。他们结合绵长的海岸线、技术密集的养殖专业区和海鸥游乐区，推出渔村体验套装旅游线路。

首先是渔产烹饪业，经营渔产烹饪的是大庄村的妇女们。她们利用自家的渔产，做成有当地特色的美馔，让游客在享受南台湾热带的浪漫风情的同时，还能品尝渔村妈妈们亲自下厨料理的鲜鱼大餐。

◎海鸥公园的入口处

海产养殖观光也是游客到大庄村的一个不错选择。大庄村的海产养殖主要以种苗繁殖、种苗二阶段育成及成鱼养成为主，养殖的种类主要有石斑、白虾、草虾、午仔鱼、红鱼、黄锡鲷、龙胆石斑等。在养殖区内，有种苗繁殖池、水车及自动喷料设备，这些足以让没有养殖经历的游客们大开眼界。整个养殖和捕获过程也能撩起游客浓厚的兴趣。除此之外，大庄村还有红树林生态区、河口湿地、鱼塘、彩霞落日等自然景观，适合办理户外教学活动。

最值得一去的还有大庄村的海鸥公园，它位于大庄村最北端，有美丽的沙滩横亘，沙质柔细，四季阳光灿烂，是戏水的好去处，海域则适合滩钓，曾有"台湾夏威夷海滩"美名。海鸥公园入口处的标志是振翅欲飞的白色海鸥，园区内遍布木麻黄，林荫下有木头搭建的游乐区、烤肉区、露营区以及度假小木屋，有"维也纳森林"的美称，适合全家休闲度假。

5. 山龙蟠村，永续平安——台南七股乡龙山村

因七股龙山宫而命名的龙山村位处台南七股乡西南方，村的西北边有盐山，西边有国际级湿地保护区七股潟湖，整个龙山村拥有非常丰富的自然生态资源，可谓取之不尽，用之不竭。1994年3月，龙山村村民组成龙山小区发展协会，以使龙山小区更美观环保为宗旨，为推广小区观光商机和改善小区的经济而不懈努力。在村民的共同努力下，龙山村依其丰富的生态资源规划的景点有：七股潟湖、盐山、红树林保护区、黑面琵鹭保育中心，以及台湾盐业博物馆等。

七股潟湖，当地人称为内海仔，是台湾最大最完整的湿地。这片动植物丰富旺盛的生态海田，是鱼、贝、蚵、蟹、虾、红树林、白鹭鸶，以及国际级的贵客——黑面琵鹭的最爱。七股溪河口两侧的大片红树林，是白鹭鸶栖息处；超小型沙漠世界，是此地极为特殊的景观，也是台湾难得一见的壮观沙丘，常令游客流连忘返。

在红树林保护区，龙山村每年会以人工复育方式栽种大量红树。红树林保护区拥有

◎七股潟湖晚照

◎七股盐山

◎七股黑面琵鹭保育区里，黑面琵鹭（下）与海鸥（上）共舞

大量的矿物质和有机物，是弹涂鱼和招潮蟹的天堂。若带着孩子游红树林保护区，定能让孩子们更进一步地接触大自然。

每年10月一直到翌年的4~5月，黑面琵鹭便会从北方飞至南方过冬。在2004年，龙山村正式成立黑面琵鹭保护区。喜爱赏鸟的人士，不必大老远地跑到北方去观赏这些可爱的黑面琵鹭，在这边就可以观赏到它们的一举一动。曾文溪口，黑面琵鹭的总量曾高达706只，占全世界总数量的一半。

在游完各个景点后，游客还可在龙山村享受"蚵仔大餐"，如蚵仔面线、蚵仔汤等。蚵仔面线可说是七股最具特色的名产，它不同于一般糊状的蚵仔面线，是用蚵仔、面线和油葱一起炒，吃起来别有一番风味。

此外，村民们把用过的蚵壳再回收并制作成各种艺术品供游客选购，还利用蚵壳铺成健康步道，除对村民、游客们的身体有益外，也是景观植物的养分来源之一。

6. 合心、合欣、合兴——宜兰头城镇合兴小区

位于宜兰县头城镇的合兴小区，面积7.17平方公里，小小的渔村却自1995年1月20日就成立了发展协会，以整合小区力量为动力，于2003年开始，善用邻近蜜月湾的优势，在每年8月举办"浪花节"，吸引了不少水上活动的爱好者及驰骋天空自在翱翔的飞行伞玩家齐聚一堂。

合兴小区旧称罟寮，是台湾牵罟活动的起源地。牵罟这样的捕鱼方式相信看过的人越来越少了，为振兴地方文化产业，合兴小区发展协会便推出这种与传统渔村和谐共生的活动供游客体验。

在交通方面，合兴小区的主要交通线路有兰阳铁路、滨海公路，其中滨海公路与海岸线平行，因贯穿合兴小区，因此带动合兴小区其它产业的发展。小区的主要特产有石花菜、野生鲍鱼、珊瑚钙、樱花虾仁、柴鱼及吻仔鱼，丰富的渔获让合兴小区成为全台饕客尝鲜的热门地。此外，小区内也出产丰富的水果，如莲雾、文旦和盐水番石榴，分布在第一、二、三邻里，面积约45公顷。合兴小区能够发展成休闲渔村，正应了它的名字，是全村人的同心协力，才有合兴村的共同富裕，因此，可以说是"合心、合欣、合兴"。

五 两岸休闲农渔业交流活动

（一）两岸休闲农渔业优势互补合作共赢

台湾休闲农渔业拥有先进的科学技术、资本、管理经验，祖国大陆休闲农渔业具有自然资源、人才、市场等优势，两岸优势资源互补，合作必然随着资源要素直接流动与整合而达到双赢。事实也正是如此，自上世纪80年代末开始，两岸农业界人士不断探索交流与合作途径，两岸农业交流广度、深度不断加大，两岸农业交流从大陆沿海地区拓展到中西部、北部地区，从畜牧业、种植业等向农产品加工、休闲农业等二三线产业延伸。据海峡两岸农业交流协会会长于永维介绍说，目前，大陆已在16个省区市设立了海峡两岸农业合作试验区和台湾农民创业园，两岸技术交流和产业合作不断加强。据不完全统计，截至2011年底，进入各试验区和创业园的台资农业企业近5000家，试验区和创业园实际利用台资近百亿美元，占台湾投资大陆农业实际金额的79％。总体

◎漳州的海产养殖技术得益于台湾技术的帮助（张存端摄）

而言，两岸农业交流在两岸经贸交流中日益成为互补性最突出、合作双赢最明显、两岸民众参与最广泛的领域之一。

目前，大陆已成为台湾农产品最大的出口市场，与此同时，台资农业企业在大陆获得巨大经济效益，带动了岛内大批劳动密集型企业向大陆转移，分散了台湾农业及农民的市场风险，为台湾农业实现产业升级创造了有利条件，使得这些劳动密集型产业的上、中游产业得以生存、发展，促进了岛内的投资和产业结构调整优化。在大陆方面，台湾农业优良品种的引进、先进管理经验和市场营销理念的引入，极大促进了大陆各地农业的发展。

（二）两岸休闲农渔业合作的途径

为实现优势互补，创造共赢局面，两岸休闲农渔业不断加强彼此间的合作，协力推动自然资源、资本、技术、劳动、管理以及市场等资源的流动以实现最优配置。从资源的流动视角来看，两岸休闲农渔业交流合作的途径主要有二：信息往来、资金往来。

1. 渠道畅通的信息往来

近年来，海峡两岸在休闲农渔业方面的交流交往日趋频繁，增进了两岸休闲农渔业界的相互了解，大陆通过借鉴和学习台湾休闲农渔业发展的先进经验，并总结自身休闲农渔业发展的成绩和不足，经过改进后使本地休闲农渔业的管理和经营水平得到提升。

以祖国大陆为主体，则两岸休闲农渔业交流交往的形式可分为两类：一是请过来。台湾岛内有指导发展观光农业经验的专家学者和观光农渔业已具有规模并积累相当成功经验的"县乡农会总干事"以及观光休闲农场场长等受邀组团访问祖国大陆，并以举办"研习班"、"研讨会"等形式与有关分管领导、农业和旅游部门干部、专业人员及农民企业家就观光休闲农渔业的内涵与发展、休闲农业区和观光带的规划、休闲农业的景观管理、营销策略以及如何创造特色、如何举办节庆活动带动观光休闲农业等课题进行交流探讨，互通信息，交换心得。二是走过去。祖国大陆组团赴台，参加在台湾举办的培训班或对台湾当地的农渔业观光园区进行实地考察，学习借鉴台湾休闲农渔业管理、经营、发展模式。

海峡两岸休闲农业发展学术研讨会。自2003年首届海峡两岸休闲农业学术研讨会在台湾台北市农训协会举行至2010年底，两岸已共同举办了八届海峡两岸休闲农业学术发展研讨会。首届研讨会由台湾"行政院"农业委员会廖耀宗处长、台湾农训协会秘书长陈明吉及台北市农会总干事钱小凤主持，祖国大陆以海南省科协党组书记钱倚剑博士为团长，由海南、河南及云南三省组成的赴台考察团一行29人参加了研讨会，并对台湾休闲农业进行了为期八天的参观、访问和实地考察。第二届研讨会于2004年在昆明召开，研讨会加大合作交流的力度，促进两岸休闲农业健康发展。第三届于2005年在陕西省召开，陕西省政协、省科技协会、台湾中华绿文化协会、西北农林科技大学的有关领导、专家、教授、博硕士研究生200多人出席会议。2006年第四届海峡两岸休闲农业发展学术研讨会在山城重庆隆重召开，中国科学院研究员郭焕成先生和台湾屏东科技大学教授段兆麟先生分别就我国休闲农业的发展作了大会报告。第六届在贵阳举行。第七届于2009年在哈尔滨召开，来自海峡两岸的110余名专家学者围绕"休闲农业与新农村经济社会发展"这一主题进行了为期两天的学术研讨和参观考察，会后，台湾的知名休闲农业专家为黑龙江省有关部门作了休闲农业理论与实例的培训。第八届海峡两岸休闲农业发展学术研讨会于2010年在呼和浩特举行，在学术交流过程中，海峡两岸专家学者彼此学习借鉴，加强两岸之间科技交流合作，建立起更广泛、更密切的联系，推动了内蒙古、台湾休闲农业交流合作持续深入发展，实现互利共赢。

海峡两岸乡村旅游发展与新农村建设学术研讨会。为了加强祖国大陆和台湾观光休闲

◎第八届海峡两岸休闲农业发展学术研讨会

农业、都市型农业和乡村旅游发展的经验交流，促进观光休闲农业、都市型农业和乡村旅游发展，推进新农村建设。中国科学院地理科学与资源研究所、中国地理学会（大陆）与亚洲大学（台湾）等单位密切合作，先后于2002年在北京、2004年在台中、2005年在乌鲁木齐、2006年在台南、2007年在昆明、2008年在台南、2009年在哈尔滨、2010年在南投县召开了第一到第八届"海峡两岸观光休闲农业和乡村旅游学术研讨会"。

台湾与祖国大陆各地区休闲农业上的交流合作。2007年8月28日，湘台休闲农业首次合作论坛暨招商洽谈会在长沙召开，湘台两地就有17家休闲农业企业、6家休闲农业协会成功签约，签约总金额达8亿多元。目前，湖南省有20家休闲农庄与台湾休闲农业企业建立了合作关系。2010年3月19日由台湾民主自治同盟中央委员会和海南省人民政府共同主办的"海峡两岸观光休闲农业（海南）论坛"在海口开幕。大陆官员、专家学者，台湾专家学者、企业负责人、在大陆投资的台商近300人出席论坛。论坛讨论了包括台湾地区乃至国内外观光休闲农业发展趋势与海南的借鉴选择；构筑两岸城乡观光休闲农业促进平台；两岸观光休闲农业管理服务体系及机制建设比较等议题。2010年10月28日，鲁台休闲农业与乡村旅游合作发展研讨会在济南举行，研讨会邀请到台湾乡村旅游协会和台湾民俗协会代表参加。与会专家介绍了台湾休闲农业和乡村旅游发展经验，推动了鲁台休闲农业与乡村旅游领域的交流与合作。2010年11月13日，津台休闲农业研讨会在天津召开，来自海峡两岸的专家学者围绕休闲农业发展的理念与思路、规划与管理、引导与支持等方面进行深入研讨交流，共谋合作发展。会议期间，天津市委常委苟利军与台湾休闲农业学会理事长段兆麟、台湾农业发展基金会总裁蔡武璋等著名台湾农业专家学者和企业家就加强农业领域交流合作、提升休闲农业发展水平等进行了深入交谈。

2. 体量充足的资金往来

有创办休闲农业和乡村旅游经验的经营者来大陆投资创业，必然带来资本、技术、市场经验、营销网络等丰富的现代农业生产要素，从而带动大陆休闲农业和乡村旅游的共同发展。台湾农业早在20世纪80年代就已步入现代农业的先进行列，在经济发展过程中积累了资本、技术、市场经验、营销网络等丰富的现代农业生产要素，但与此同时，台湾土地、劳动力、自然生态环境等传统农业生产要素变得越来越稀缺，现代农业生产要素由于缺乏传统农业生产要素的合理组合而难以发挥优势，高成本威胁着台湾现代农业的生存与发展。此外，受大陆提供的广阔市场，对台优惠措施，大陆农业总体上还处于传统农业向现代农业转变的过程之中，小规模经营，长期以来形成的资本、技术、营销渠道、市场经验等现代农业生产要素的缺乏，两岸缓和的政治经济关系等因素的拉动，台湾资金、技术、管理经验、营销能力等要素与大陆土地、劳动力等要素整合，通过先化整为零的方式——将台湾富余的现代农业生产要素转移到大陆，与大陆传统农业生产要素进行整合——达到化零为整的目标——与大陆共创与分享农产品市场竞争力。事实上，自上世纪80年代中期至今，在福建、海南、广东、江苏、广西、湖南、湖北、江西、宁夏和东北三省等地，活跃着数以万计的台商和台农的创业背影，他们与大陆同胞联手合作，共同打造美好的休闲农业未来。

（三）台湾休闲农业在大陆开花结果

亟待再创第二春的台湾农渔业界喜逢天时、地利、人和，千帆竞渡，百舸争流，在祖国大陆农、林、牧、副、渔的百花园中，已是群芳吐艳，万紫千红。

◎漳州的近海养殖业也融入不少台湾的资金与技术（张存端摄）

1. 福建——首开两岸农业合作先河，如今硕果累累

1997年，福州、漳州获批成为大陆首批海峡两岸农业合作试验区，福建因之成为台商、台农投资农业的热点地区。2005年，试验区又扩大至福建全省，闽台农业合作自此进入了领域更广、层次更高的新

图文台湾
荷上锄头钓竿去旅行——台湾休闲农渔业掠影

◎福建漳州的花卉种植业专门设置了对台合作项目（张存端摄）

◎漳浦天福服务区的小山

阶段。闽台农业合作20余年，到福建投资的台资农业企业正发生巨大的变化——从初级农产品的小规模种植、养殖向资金、技术、规模经营管理等方面转变；从种植、养殖等第一产业向农产品精加工、营销及休闲、观光农业等第二第三产业发展，并拓展至农业科技、教育、经营、管理及生态保护等领域的合作；产业形式也从以往的单兵作战向整体配套方向发展，带动了相关上下游企业的跟进；同类企业呈现区域化发展态势，形成一批产业集中区域，产生相应的规模效益。如龙海渔业合作密集区、仙游甜柿种植基地、清流蜜雪梨生产基地、厦门美格台湾名优特果苗基地，以及漳浦花卉生产基地、东山渔业合作密集区等等，都成为两岸农业合作的成功典型，具有很强的示范性。据福建省农业厅统计，截至2007年上半年，全省累计批准农业台资项目1783个，合同利用台资21.6亿美元，累计引进台湾农业良种2500多个，引进农产品生产、加工等先进设备5000多台套，以及栽培、养殖、加工等先进适用技术800多项，福建已成为大陆对台农业合作的高密集区。为了利用大陆的相关优惠政策，加上农作物固有的观赏性，台资农业企业绝大多数都具备农业观光的功能，纯粹以观光为主要经营目标的，在漳州就有40家左右，较为著名的为漳浦天福茶园。

漳浦天福茶园共有两大园区，一在国道324线盘陀镇路段的两侧，一在厦（门）汕（头）高速公路漳浦路段、全国首家高速公路服务与旅游休闲结合的天福服务区后面的小山上。天福服务区的天福观光茶园在2002年前，还是杂草丛生的石头山，经过几年来精心改造，这里已成为一片绿色生态旅游区，它占地2000亩，由天福集团总裁、台商李瑞河斥资1亿元兴建。这座大型观光休闲农业园区，包含石雕园、观光茶园、服务区三个部分，集观光旅游、生态休闲和茶文化传播为一体。石雕园已经是全国农业旅游示范点，以"唐山（大陆）过台湾"为主题的石雕群和以闽台民俗为主题的趣味性石雕，栩栩如生地刻画出了多数台湾人的祖辈从大陆移居台湾创业，以及回到大陆回馈桑梓的故事。

2. 广东——粤台农业合作前景广阔，立足未来国际竞争

据悉，从上世纪80年代末，便不断有台商、台农到广东佛山投资经营珍稀花卉种植，仅作为两岸农业合作试验基地之一的顺德陈村花卉世界，便有50余家台商在此落户。到目前为止，台商、台农在花卉园艺、农业生物技术、水产养殖、农产品精深加工、农业物流、农业科技展示和生态观光等诸多领域，呈现多层次、全方位的交流与合作。曾经是珠三角鱼米之乡，而今已是制造业重镇的广东佛山，正借助粤台农业合作良机，打造广东"农业硅谷"。作为广东另一个海峡两岸农业合作试验区，湛江也成为近年来台商、台农投资创业的热门地区。

佛山市三水广湖山生态果园，是台商张连邦先生于2000年初规划、斥资兴建的，以期达成教育、观光、旅游、休闲、娱乐、饮食于一体，使现代人性融合于自然之中，占地面积达700多亩。果园内引进台湾、中南美洲、东南亚等地区的名优水果，更以自然循环观念饲养家禽；辟地挖塘蓄水灌溉、养鱼及植草护坡；种植花草、树木及有机蔬菜，形成健康食物的生态园区。园中还建造了两个可容

◎广湖山生态果园拓展基地

图文台湾
荷上锄头钓竿去旅行——台湾休闲农渔业掠影

纳300~500人的教室、两个可供600人用餐的餐厅、八栋可供300人居住的宿舍。配套建有专业滑草场、水上活动区、游乐大操场及动手做体验教室，藉此让孩子走出教室去体验在外的团体生活，学习如何照顾自己与他人，且是一个提供中小学课外劳动实践的好基地。大型专业心态训练营可供大学生、机关人员、工商界人士学习进修之用。目的是熔炼团队凝聚力，培养责任心和奉献精神，建立队员之间心灵沟通渠道。2000人的露营区、1000人的烧烤场、600人的野炊场、流水渠道瀑布等设施及园区，山峦起伏，绿草如茵，树木婆娑，空气清新，又远离城市尘嚣，加上交通便利，可谓世外桃源，是一处休闲娱乐的绝佳环境。

3. 海南——琼台合作互利双赢，海南发展再添一翼

海南与台湾农业合作起步早，见效快，迄今已成为台商、台农投资农业规模仅次于福建的省份。1987年，台商三合利农业公司落户三亚，揭开了琼台农业合作的序幕。海峡两岸（海南）农业合作试验区设立以来，海南省廉价的土地和人力资源吸引了众多台商、台农到海南投资创业。2007年时，已有400多家台资农业企业汇聚海南，开发农林土地面积20多万亩，投资已逾20亿元人民币。据统计，现在在琼的台资农场面积在1000亩以上的有57家，3000亩以上的有12家，独家经营农场面积最大的达15000亩。台商先后引进台湾水果、瓜菜、花木、水产、禽畜等优良品种500多个，其中南美对虾、鲍鱼等已成为海南水产养殖的当家品种。此间农业专家表示，台商、台农引进并实施的生物菌肥、喷灌、套袋等台湾农业先进技术，以及产销一体化、产品精包装、精致农庄等先进理念，对海南农业改变传统生产经营方式，向现代高效农业发展发挥了示范和带头作用。与此同时，台资农业企业积极为海南培训农业专门技术人才，先

◎伊甸园农业休闲农庄别致的欢迎仪式

— 110 —

后培训农业技术人员5000多人，并建立农业示范户1000余户。此外，台资农场已成为海南高等院校重要的农业实习基地。

琼台合作的休闲农庄有伊甸园休闲农庄，农庄位于琼海市大路镇，由台湾新竹人林保森于1993年初投资创办，占地约1500亩，农庄内种植着从台湾引进的香蜜、柠檬、莲雾、珍珠石榴、番石榴、杨桃等十几个优良品种水果。经过十几年的开发，伊甸园农庄现已是海南较大规模的综合性热带观光农场，一年四季瓜果累累，满园飘香。农庄内还种植了海南槟榔2万株，台湾槟榔约5万株，降香、花梨约5万株，沉香及木香约1万株。农庄融入休闲农业的经营理念，开设了遛马场、钓鱼池等游乐设施，将现代农业开发与观光旅游完美地结合了在一起。

4. 江苏——台资农企已逾千家，交流合作后劲十足

2006年，经国台办、商务部和农业部批准，江苏昆山、扬州两地的海峡两岸农业合作试验区相继投入运行，为江苏与台湾农业合作增添了新的发展平台。与此同时，南京的农业项目也成为台商关注的热点，几年间，全市批准的台商农业投资项目即达60多个，投资逾2亿美元，投资方向也由原先的种植、养殖、农产品加工，拓展到观光农业、种苗繁育、生物科技、农业物流等多个领域。如今的江宁、六合、浦口已经或正在形成一批批台商投资农业的密集区域。据了解，到2007年上半年，江苏已累计批准台资农业企业1000余家，投资额高达68.14亿元人民币。

苏台合作的休闲农场有绿光休闲农场，该农场位于吴中胜地之江苏太湖地区的西山岛，占地约450亩，原为国家十大现代农业示范园

◎西山岛绿光休闲农场

— 111 —

图文台湾
荷上锄头钓竿去旅行——台湾休闲农渔业掠影

区,是台湾海峡两岸农业协会理事长蔡胜佳领导的团队为之创建的一个结合生产、生态、生活、观光于一体的度假休闲农场。其主要规划建设区分为九大区域:水果采摘园、可爱动物区、香草花园、绿光广场、住宿区、温室养生餐饮区、休闲娱乐区、动手体验教室、体能活动区。让来宾和游客能够在这里感受到西山岛的清新自然与悠闲,并在休息度假中忘却所有的烦恼与忧愁。

5. 广西——台商聚焦农业领域，玉林顿成热点

广西玉林海峡两岸农业合作试验区自2006年4月启动以来,迅即成为台商投资大陆农业领域的新热点。该试验区范围包括整个玉林市的七个县、区,面积达1.28万平方公里。目前,已有37家台资农业企业在此创业,投资总额达23亿元人民币,项目有旺旺食品、大旺食品、豆之家食品、博白富益种植等,涉及种植、养殖、农副产品精加工、农业产业化经营等多个农业领域。

桂林阳朔世外桃源景区是由在阳朔县投资最大的台商企业——桂林阳朔山水旅游开发有限公司在距离桂林阳朔西街15公里处,仿照晋代名士陶潜《桃花源记》中描绘的意境,建造的一个集山水、田园、民俗于一体的现代"世外桃源"。整个景区没有用围墙与外界隔离,而是完全与周边的良田、农舍融合在一起,将浓厚淳朴的乡间气息和明媚的湖光山色融为一体,使游客

◎桂林阳朔世外桃源景区

在饱览景区山水秀色的同时，既可领略多姿多彩的少数民族风情，也能了解当地居民的生活习性、农业生产过程，既满足了游客回归自然、返璞归真的情思，也弘扬了保护环境、珍爱自然的主旨。景区的游览方式主要分水上游览和徒步观赏。水上游览乘轻舟顺流而下，经田园村舍，过绿树丛林，又穿山而出，沿途可经原始形态的迎宾、祭祀、狩猎，又可欣赏到民族特色的狂歌劲舞、边寨风情；徒步观赏的民寨群是桂北各少数民族建筑的一个缩影，鼓楼、风雨桥、对歌台、花楼、长廊、图腾，充分展示了各民族文化的特征。近年新建成的渊明山庄是景区的有机组成部分，融合了苏州园林的布局和桂北民居的建筑风格，开窗即景，一窗一景，移步换景。在渊明山庄里，还可以回顾古文明的光辉，古代的酿酒、造纸、印刷、竹雕、木刻、陶器等制作表演，再现了中华民族的智慧。

6. 湖南——湘台农业联手，发展空间巨大

自1989年第一个台资农业项目落户湖南以来，到2006年年底，台商已累计在湘投资农业项目200多个，投资金额近3亿美元。2006年8月22日，《长沙台商农业科技园总体规划》通过以中国工程院院士官春云教授为组长的专家组评审，这是湖南开展湘台两地农业合作的一个重大举措。按照规划，湖南将主要引进台湾农业名、特、优、新品种，先进的经营理念、管理模式、农业技术及相关项目、资金。据悉，按五大功能布局，总规划面积85000亩的长沙台商农业科技园，

◎油茶文化旅游风情园

将建成中部地区与台湾农业交流合作最具影响力的园区之一。届时将对湖南农业、农村经济发展及新农村建设具有引领、推动和示范作用。

  油茶文化旅游风情园是湖南省常宁市第一家采取公司加农户合作的乡村旅游开发项目，由台商杨文章公司旗下的广东清远佛岗休闲农牧有限公司投资1.27亿元，在该市罗桥镇对江、庙山、南坪等村建设一个占地5000多亩的集油茶文化与休闲旅游为一体的规模休闲农庄。项目分三期实施，建设内容为游客休闲中心、农耕乐园、森林人家、自助采摘园、乡野健身园等。项目建成投产后，该市的油茶和旅游资源优势将得到进一步有效整合，推动油茶产业的做大、做优、做强。同时，农家乐生态旅游项目品位将得到快速提升，形成吃、住、游、购一条龙旅游服务大格局。

结　语

　　工业化和城市化带来的喧嚣、污染、竞争、紧张及压抑等负面问题严重地降低了台湾都市民众生活品质，越来越多的都市民众迫切地想在闲暇时间回归农渔村，去享受恬静、舒适、清新和自然的乡村风光，去体验趣味横生的农渔生产和生活方式，去认识和欣赏民族传统文化。与此同时，已经为台湾经济起飞做出巨大贡献的传统农渔业已经高度发达，其进一步发展面临瓶颈，特别在台湾加入世贸组织后，台湾传统农渔业受到极大的冲击。为促进农渔村经济的发展以及农渔民收入的增加，台湾农渔业需要开创新的经营模式和寻找新的增长点。正是在这样的背景下，台湾现代休闲农渔业得以孕育而生。在台湾当局适时的扶持与引导下，台湾休闲农渔业自1965年成立了第一家观光农园至今，已走过了萌芽期、成长期等阶段，并进入快速发展期。目前，为满足民众对不同农渔业休闲体验的需求，台湾休闲农渔业已呈现出各式各样的类型，并且其提供的配套服务和设施也日益完善。作为休闲农渔业发展据点的农场、渔港、农渔村等也越来越强调生产、生活、生态等乡村印象，呈现出包含自然生态、怀旧风情、知性文化气息的乡村之美。总之，经过近半个世纪的发展，台湾许多农渔村的休闲农渔业已发展得很成熟，并形成了一套完善的休闲农渔业发展模式，本文所列举的休闲农渔业的撷英就是这类农渔村的典范。伴随着两岸经贸文化交流活动的日益密切，两岸休闲农渔业的交流合作也将日益频繁，届时台湾休闲农渔业先进的科学技术、资本和管理经验将与大陆休闲农渔业丰富的自然、人力及市场资源实现优势资源互补，推动两岸休闲农业的发展走向双赢。

参考文献与图片来源

[1] 赵玉榕，《战后台湾农业》，鹭江出版社，1996年8月.

[2] 陈荣俊，《2007年台湾十大经典农渔村》，台湾"行政院农业委员会水土保持局"，2007年12月.

[3] 《休闲农业的推展绩效与发展专案调查研究报告》，台湾"监察院"财政及经济委员会编，2005年3月.

[4] "行政院农业委员会"，农政与农情，http://www.coa.gov.tw/view.php?catid=213.

[5] 休闲农业服务网，http://agregion.coa.gov.tw./index.php.

[6] 中国台湾网，http://big51.chinataiwan.org/twly/ybtw/byfg/.

[7] 农村风情网，http://rural.swcb.gov.tw.

[8] 台湾疯鱼季，http://www.gbb.com.tw/aquafish/index.asp.

[9] 十大经典农渔村，http://rural.swcb.gov.tw/top10/index.asp.

[10] 台湾休闲农业学会，http://www.tlaa.org.tw/farm/index.asp.

[11] "渔业署"休闲渔业网，http://www.fa.gov.tw/recfsh/map.htm.

[12] 台湾旅游生活网，http://gofuntaiwan.net/columnpage/travel/farm.asp.

[13] 台湾水产网，http://www.twfish.org.tw/webs/list.aspx?main=0&mag=189.

声明： 根据《中华人民共和国著作权法》的规定，本社向本书所刊图片的作者付酬，凡因条件限制未能及时取得联系的作者，敬请与本社联系。